Successful Global Business English

성공적인 글로벌 비즈니스 영어

강영돈 지음

이 책의 특징

1. 현장 중심의 사례 기반 구성
2. 실용적인 영어 표현 정리
3. 문화적 차이에 대한 감수성 강화

행복랜드

Preface

글로벌 시대, 영어는 당신의 경쟁력입니다

글로벌 비즈니스 현장은 매일같이 빠르게 변화하고 있으며, 그 중심에는 언제나 국경을 초월한 '소통'이 자리하고 있습니다. 국적, 문화, 언어가 다른 사람들과 협업하는 것이 일상이 된 지금, 영어는 단순한 외국어가 아니라, 신뢰를 쌓고 기회를 창출하는 핵심 비즈니스 도구가 되었습니다.

하지만 단순히 문장을 암기하고 발음을 흉내 내는 것만으로는 글로벌 무대에서 성공적인 커뮤니케이션을 이룰 수 없습니다. 정확한 표현력, 문화적 감수성, 그리고 실전 감각이 함께 갖춰져야 진정한 소통이 가능합니다.

『성공적인 글로벌 비즈니스 영어』는 이러한 시대적 요구에 부응하고자 기획된 책입니다. 단순히 영어 표현을 소개하는 데 그치지 않고, 실제 비즈니스 상황에서 어떻게 자연스럽고 효과적으로 말할 수 있는지에 중점을 두었습니다. 이 책을 통해 독자 여러분은 단순한 언어 학습을 넘어, 글로벌 비즈니스 마인드까지 함께 익히게 될 것입니다.

이 책의 특징

1. 현장 중심의 사례 기반 구성

첫인상과 자기소개, 전화 및 이메일 응대, 일정 조율, 회의 참여, 출장 및 호텔 체크인 등 실제 글로벌 업무에서 자주 마주치는 상황을 중심으로 구성하였습니다.

2. 실용적인 영어 표현 정리

원어민이 실제로 사용하는 문장과 표현을 엄선하고, 그에 따른 문화적 맥락까지 함께 제시하였습니다.

3. 문화적 차이에 대한 감수성 강화

시간 개념, 회의 태도, 비즈니스 식사 예절, 전화와 이메일 에티켓 등 국가별 커뮤니케이션 스타일의 차이를 자연스럽게 익힐 수 있도록 구성하였습니다.

이 책은 글로벌 비즈니스 영어에 대한 두려움을 줄이고, 독자 여러분이 더 자신 있게 말하고, 더 설득력 있게 소통하며, 더 전문적으로 협업할 수 있도록 돕기 위해 만들어졌습니다. 책을 다 읽고 나면, 여러분 스스로도 놀랄 만큼 달라진 표현력과 커뮤니케이션 감각을 경험하게 될 것입니다.

그리고 궁극적으로는, 신뢰를 이끌어내는 커뮤니케이터, 성공적인 협업을 이끄는 리더로 성장하시길 진심으로 바랍니다.

저자 드림

성공적인 글로벌 비즈니스 영어

TABLE OF CONTENT

성공적인 글로벌 비즈니스 영어

TABLE OF CONTENT

첫인상과 자기소개

I 비즈니스에서 첫인상의 중요성

II 자기소개의 핵심 구성요소

III 영어 완전 정복! 프로젝트 60
(PRJ 01 ~ 05)

성공적인 글로벌 비즈니스 영어

I 비즈니스에서 첫인상의 중요성

비즈니스에서 첫인상은 단순한 인상이 아니라 상대방에게 전문성과 신뢰감을 주며, 앞으로의 관계를 결정짓는 중요한 요소가 된다.

상대방과 처음 마주하는 순간, 짧은 몇 마디의 자기소개로 자신을 효과적으로 전달하는 것이 중요하다. 특히 글로벌 환경에서는 명확하고 간결한 영어 자기소개가 커뮤니케이션의 문을 여는 열쇠이다.

《1》 첫인상은 단 몇 초 안에 결정된다

사람은 처음 만나는 상대에 대해 평균 7초 이내에 첫인상을 형성한다고 한다. 이 짧은 시간 동안 상대방은 외모, 태도, 말투, 표정, 자세 등을 종합적으로 판단하여 '이 사람과 신뢰를 쌓을 수 있는지'를 결정하게 된다.

《2》 첫인상은 신뢰와 전문성에 직결된다

- ◆ 자신감 있는 인사
- ◆ 깔끔한 복장
- ◆ 정중한 태도
- ◆ 명확한 자기소개는 상대에게
  - ➡ 신뢰할 수 있는 사람이다.
  - ➡ 전문성이 있어 보인다는 인상을 준다.

한 번 형성된 첫인상은 이후에도 지속적인 영향을 주며, 잘못된 첫인상은 나중에 바꾸기 매우 어렵다.

《3》 첫인상이 중요한 실제 상황 예시

◆ **면접**: 몇 분 안에 평가가 거의 끝남
◆ **고객 미팅**: 첫 만남에서 신뢰 얻어야 계약 가능
◆ **네트워킹 이벤트**: 수많은 사람 중 기억에 남는 사람이 되려면 첫인상이 결정적
◆ **해외 출장**: 문화적 차이가 있더라도 기본적인 매너는 전 세계 공통

《4》 첫인상을 좋게 만드는 핵심 요소

요소	설명
외모	단정한 복장, 깔끔한 헤어, 과하지 않은 스타일
태도	친절한 미소, 눈을 보고 인사하기
말투	또렷하고 정중하게, 긍정적인 표현 사용
자기소개	핵심만 간단하고 인상 깊게 전달

💬 Tip!

자기소개는 단순히 정보를 전달하는 것이 아니라, 자신을 효과적으로 표현하는 과정이다. 첫인상을 긍정적으로 만드는 것이 앞으로의 성공적인 관계를 형성하는 첫 걸음이 될 것이다.

- 미소를 띠고 자연스러운 목소리 톤을 유지하기
- 자신감을 갖고 눈을 마주치며 이야기하기
- 너무 길거나 복잡한 설명보다 핵심만 간결하게 말하기

Ⅱ 자기소개의 핵심 구성 요소

[1] 이름(Name)

"Hello, my name is Jiwon Kim."
(안녕하세요, 제 이름은 김지원입니다.)

"I'm Jiwon Kim. Nice to meet you."
(저는 김지원입니다. 만나서 반갑습니다.)

[2] 출신(Origin)

"I'm from Seoul, South Korea."
(저는 대한민국 서울 출신입니다.)

"I was born and raised in Busan."
(저는 부산에서 태어나 자랐습니다.)

[3] 직업 또는 소속(Profession or Affiliation)

"I work as a marketing manager at JK CheilJedang."
(저는 JK제일제당에서 마케팅 매니저로 일하고 있습니다.)

"I'm currently with Samil Electronics in the R&D department."
(저는 현재 삼일전자 연구개발부서(R&D)에서 근무하고 있습니다)

[4] 간단한 업무 소개 또는 관심 분야(Optional)

"I specialize in digital marketing and brand strategy."
(저는 디지털 마케팅과 브랜드 전략을 전문으로 하고 있습니다.)

"My focus is on developing AI solutions for healthcare."
(저는 헬스케어 분야의 인공지능 솔루션 개발에 주력하고 있습니다.)

[5] Reading : Making a Good First Impression

In business, making a good first impression is more than just being polite — it's about building trust and showing professionalism. When meeting someone for the first time, a short and clear self-introduction can help open the door to better communication, especially in global settings.

A basic self-introduction usually includes your name, where you are from, your job or company, and sometimes your role or area of expertise. For example.

"Hello, my name is Jiwon Kim. I'm from Seoul, South Korea. I work as a marketing manager at JK CheilJedang. I specialize in digital marketing and brand strategy."

  Non-verbal cues are also important. Smile, maintain eye contact, and speak clearly and confidently. Keep your message short but meaningful. A strong introduction sets the tone for a positive relationship and successful collaboration.

비즈니스에서 좋은 첫인상을 남기는 것은 단순히 예의 바른 행동 그 이상이다. 그것은 신뢰를 쌓고, 전문성을 보여주는 일이다. 누군가를 처음 만날 때, 짧고 명확한 자기소개는 특히 글로벌 환경에서 더 나은 소통의 문을 여는 데 도움이 된다.

기본적인 자기소개에는 보통 이름, 출신지, 직업이나 회사, 때로는 자신의 역할이나 전문 분야가 포함된다. 예를 들어:

"안녕하세요, 제 이름은 김지원입니다. 저는 대한민국 서울 출신입니다. JK제일 제당에서 마케팅 매니저로 일하고 있습니다. 저는 디지털 마케팅과 브랜드 전략을 전문으로 합니다."

비언어적인 신호들도 중요하다. 미소를 짓고, 눈을 마주치며, 또렷하고 자신감 있게 말한다. 말은 짧고 간결하되, 의미 있게 전달하는 것이 좋습니다. 강한 인상을 남기는 자기소개는 긍정적인 관계와 성공적인 협업을 위한 분위기를 만들어 준다.

 **PRJ 01**

I'm here to have a talk with you.
(너랑 얘기 좀 하려고 왔어.)

A: Hey, **I'm here to** have a talk with you.

B: Oh? What's on your mind?

A: I've been thinking about something, and I really wanted to share it with you.

B: Alright, I'm listening. Go ahead.

A: It's about something that's been bothering me lately⋯.

B: I see. Tell me all about it. I'm here for you.

A: 안녕, 너랑 얘기 좀 하려고 왔어.
B: 그래? 무슨 일이야?
A: 요즘 계속 생각해 온 게 있는데, 너랑 꼭 이야기하고 싶었어.
B: 알겠어, 듣고 있어. 말해봐.
A: 사실, 요즘 좀 신경 쓰이는 일이 있어서⋯.
B: 그렇구나. 다 말해봐. 내가 들어줄게.

We should take an umbrella.
(우산을 챙기는 게 좋겠어.)

A: Look at the sky! It looks like it's going to rain.

B: Yeah, those clouds look really dark. **We should take** an umbrella.

A: Did you check the weather forecast?

B: Yes, the weather forecast said there's a high chance of rain.

A: Good idea. I don't want to get soaked.

B: Right, better to be safe.

A: 하늘 좀 봐! 곧 비가 올 것 같아.

B: 응, 구름이 정말 어두워. 우산을 챙기는 게 좋겠어.

A: 일기 예보 확인했어?

B: 응, 일기예보에서 비 올 확률이 높다고 했어.

A: 좋은 생각이야. 비 맞고 싶지 않아.

B: 맞아, 조심하는 게 좋아.

Thank you so much for giving me this opportunity.
(제게 기회를 주셔서 진심으로 감사합니다.)

A: **Thank you so much for giving** me this opportunity. I truly appreciate it.

B: You're welcome! I believe in your potential.

A: That means a lot to me. I'll do my best to prove myself.

B: I have no doubt you will. Just keep working hard.

A: I definitely will! Thank you again for your support.

B: Anytime! I'm looking forward to seeing your success.

A: 제게 기회를 주셔서 진심으로 감사합니다. 정말 감사해요.

B: 천만에요! 당신의 가능성을 믿어요.

A: 정말 큰 의미가 있네요. 최선을 다해 증명해 보이겠습니다.

B: 분명 해낼 거라 믿어요. 열심히 노력하세요.

A: 물론이죠! 다시 한 번 감사드립니다.

B: 언제든지요! 당신의 성공을 기대하고 있어요.

PRJ 04

Can you imagine what it feels like to win the lottery?
(복권에 당첨되는 기분이 어떤지 상상할 수 있어?)

A: **Can you imagine what it feels like to** win the lottery?

B: I think it would be unbelievable! Like a dream come true.

A: Yeah, suddenly having all that money must feel surreal.

B: But it could also be overwhelming. What would you do with it?

A: First, I'd take a deep breath! Then maybe travel the world.

B: That sounds amazing! I'd invest some and help my family.

A: 복권에 당첨되는 기분이 어떤지 상상할 수 있어?
B: 믿을 수 없을 것 같아! 마치 꿈이 이루어진 느낌이겠지.
A: 응, 갑자기 그렇게 많은 돈을 가지게 되면 정말 비현실적일 것 같아.
B: 하지만 압도될 수도 있을 거야. 그 돈으로 뭐 할래?
A: 먼저 심호흡을 하고! 그리고 아마 세계 여행을 갈 것 같아.
B: 정말 멋질 것 같아! 나는 일부를 투자하고 가족을 도울 거야.

This coffee **is actually pretty good.**
(이 커피 생각보다 괜찮네.)

A: I wasn't expecting much, but this coffee **is actually pretty good.**

B: Really? Let me try… Oh, you're right! It's better than I thought.

A: Yeah, it's smooth and not too bitter.

B: Maybe we judged it too quickly. Sometimes simple coffee is the best.

A: True! I might get this again next time.

B: Good idea. I love a pleasant surprise like this!

A: 별 기대 안 했는데, 이 커피 생각보다 괜찮네.

B: 정말? 나도 한번 마셔볼게… 오, 맞아! 예상보다 맛있어.

A: 응, 부드럽고 너무 쓰지 않아.

B: 우리가 너무 빨리 판단했나 봐. 가끔은 심플한 커피가 최고야.

A: 맞아! 다음에도 이걸 마셔야겠다.

B: 좋은 생각이야. 이런 기분 좋은 놀라움이 좋더라!

The Road Not Taken (가지 않는 길)

Robert Frost(1874~1963)

TWO roads diverged in a yellow wood,
And sorry I could not travel both
And be one traveler, long I stood
And looked down one as far as I could
where it bent in the undergrowth;

황색 숲속에 길이 두 갈래 갈라져 있었습니다.
안타깝게도 나는 두 길을 갈 수 없는
한 사람의 나그네로 오랫동안 서서
한 길이 덤불 속으로 꺾여 내려간 데까지
바라다볼 수 있는 데까지 멀리 보았습니다.

Then took the other, as just as fair,
And having perhaps the better claim,
Because it was grassy and wanted wear;
Though as for that the passing there
Had worn them really about the same,

그리고 똑같이 아름다운 다른 길을 택했습니다.
그럴 만한 이유가 있었습니다. 거기에는
수풀이 더 우거져 사람이 걸은 자취가 적었습니다.
하지만 그 길을 걸으므로 해서
그 길도 거의 같아질 것입니다만,

And both that morning equally lay
In leaves no step had trodden black.
Oh, I kept the first for another day!
Yet knowing how way leads on to way,
I doubted if I should ever come back.

그날 아침 두 길에는 낙엽을 밟은 자취 적어
아무에게도 더럽혀지지 않은 채 묻혀 있었습니다.
아, 나는 뒷날을 위해 한 길은 남겨 두었습니다.
길은 다른 길에 이어져 끝이 없었으므로
내가 다시 여기 돌아올 것을 알 수 없어서.

I shall be telling this with a sigh
Somewhere ages and ages hence:
Two roads diverged in a wood, and I?
I took the one less traveled by,
And that has made all the difference

훗날에 훗날에 나는 어디에선가
한숨을 쉬며 이 이야기를 할 것입니다.
숲 속어 두 갈래 길이 갈라져 있었다고,
나는 사람이 적게 간 길을 택하였고,
그것으로 해서 모든 것이 달라졌다고.

전화와 이메일 응대

성공적인 글로벌 비즈니스 영어

I 전화 통화(Telephone Conversations)

비즈니스 환경에서는 전화 통화가 여전히 중요한 커뮤니케이션 수단이다. 명확하고 공손한 표현이 핵심이다.

① 전화 받기(Answering Calls)

Good morning/afternoon, [Company Name],

[Your Name] speaking.

How may I help you?

안녕하세요, [회사명]입니다. [이름]이 말씀드리고 있습니다. 어떻게 도와드릴까요?

(예) Good morning, ABC Corporation.

　　 This is Jane speaking.

　　 How may I help you?

　　 ➠ 안녕하세요, ABC 회사입니다. 제인입니다. 무엇을 도와드릴까요?

② 전화 걸기(Making a Call)

◆ Hello, this is John Kim from XYZ Trading. May I speak to Mr. Roberts?
　 ➠ 안녕하세요, XYZ 트레이딩의 김존입니다. 로버츠 씨와 통화할 수 있을까요?

- I'm calling regarding our meeting next week.
  - ➡ 다음 주 미팅 건으로 전화드렸습니다.

③ 통화 중 연결/보류(Transferring/Holding)

- Please hold for a moment. I'll transfer you to the sales department.
  - ➡ 잠시만 기다려 주세요. 영업부로 연결해 드리겠습니다.
- He's currently in a meeting. Would you like to leave a message?
  - ➡ 지금 회의 중입니다. 메시지를 남기시겠어요?

④ 메시지 남기기(Leaving a Message)

- Could you please ask her to call me back at 010-1234-5678?
  - ➡ 그녀에게 010-1234-5678로 다시 전화해 달라고 전해 주시겠어요?
- Please let him know I'll be available after 3 p.m.
  - ➡ 오후 3시 이후에 연락 가능하다고 전해 주세요.

⑤ 메시지 받기(Taking a Message)

- Sure, I'll make sure she(he) gets your message.
  - ➡ 네. 꼭 전달해 드리겠습니다.
- Would you like to leave your contact information?
  - ➡ 연락처를 남겨 주시겠어요?

Ⅱ 이메일 쓰기

　비즈니스 이메일은 간결하고 명확하며 예의 바른 어조를 유지해야 한다. 상황에 따라 형식적인 표현과 캐주얼한 표현을 구분하는 것이 중요하다.

《1》 이메일 시작(Opening)

◆ Dear Mr. Smith,

　➠ 스미스 씨께, (격식 있는 시작)

◆ Hello Jane, / Hi David,

　➠ 제인 안녕하세요, / 데이비드 안녕! (조금 더 캐주얼)

《2》 분문 작성(Main Body)

◆ I'm writing to follow up on our conversation regarding the proposal.

　➠ 제안서 관련 논의를 이어서 연락드립니다.

◆ Please find the attached document for your reference.

　➠ 참고용으로 첨부파일을 보내드립니다.

◆ Let me know if you have any questions.

　➠ 질문 있으시면 언제든지 알려주세요.

❰ 3 ❱ 이메일 마무리(Closing)

① 마무리 표현

- I look forward to your response.
  (답변을 기대하고 있습니다.)

- Please let me know if you have any questions.
  (질문이 있으면 알려주세요.)

- I await your reply.
  (답변을 기다리고 있습니다.)

- Please don't hesitate to contact me.
  (언제든지 주저하지 말고 연락 주세요.)

- Thank you for your time. I look forward to your response.
  (시간 내주셔서 감사합니다. 회신 기다리겠습니다.)

② 상황별 선택

- 매우 공식적: Sincerely, Respectfully
- 일반 비즈니스: Best regards, Kind regards
- 친근한 관계: Best, Thanks
- 팀 내부: Regards, Thanks

《4》비즈니스 이메일 구성 요소

구성 요소	설명	예시 표현
Subject	핵심 요약	"Request for Information" "Meeting Schedule Confirmation"
Greeting	인사말	Dear Mr. Kim, / Dear Team
Opening	목적 소개	I hope you're doing well. I'm writing to...
Body	핵심 내용	간결하고 명확하게 요청 / 정보 제공
Closing	마무리	Thank you for your time. I appreciate your help.
Sign-off	맺음말	Best regards, Sincerely,
Signature	이름, 직함 등	Jane Lee Marketing Manager

Ⅲ 영어 완전 정복! 프로젝트 60

PRJ 06 Guess what I'm planning!
(내가 뭘 계획하고 있는지 맞혀봐!)

A: **Guess what** I'm planning!

B: Hmm⋯ Is it a trip? You've been talking about traveling a lot lately.

A: Nope! Try again. It's something exciting, but not a vacation.

B: Okay, is it a big event? Like a party or a special gathering?

A: You're getting closer! I'm planning a surprise for someone.

B: Wow, that sounds fun! Who's the lucky person?

A: 내가 뭘 계획하고 있는지 맞혀봐!
B: 음⋯ 여행인가? 너 요즘 여행 얘기를 많이 했잖아.
A: 아니야! 다시 맞혀봐. 신나는 일이긴 한데 휴가는 아니야.
B: 그러면 큰 행사야? 파티나 특별한 모임 같은 거?
A: 점점 가까워지고 있어! 누군가를 위한 깜짝 놀랄 일을 계획하고 있어.
B: 와, 재미있겠다! 행운의 주인공은 누구야?

I **think you should** quit drinking.
(넌 술을 끊는 게 좋을 것 같아.)

A: **I think you should** quit drinking. It's really affecting your health.

B: I know, but it's hard. Drinking helps me relieve stress.

A: There are other ways to manage stress. Have you tried exercising

or meditating?

B: Not really. I guess I should give it a try.

A: Yeah, it might help. Plus, quitting drinking will make you feel

better in the long run.

B: You're probably right. I'll start making some changes.

A: 넌 술을 끊는 게 좋을 것 같아. 네 건강에 정말 안 좋은 영향을 주고 있어.

B: 나도 알아, 하지만 쉽지 않아. 술을 마시면 스트레스가 풀려.

A: 스트레스를 푸는 다른 방법도 있어. 운동이나 명상을 해 본 적 있어?

B: 별로 안 해 봤어. 한번 시도해 봐야겠네.

A: 그래, 도움이 될 거야. 게다가 술을 끊으면 장기적으로 더 건강해질 거야.

B: 네 말이 맞는 것 같아. 변화하려고 노력해 볼게.

I can't believe you passed that exam so easily.
(너가 그 시험을 그렇게 쉽게 통과하다니 믿기지가 않아.)

A: **I can't believe** you passed that exam so easily. I heard it was really difficult.

B: Yeah, I thought it would be hard too, but it turned out to be easier than I expected.

A: Seriously? Everyone else was struggling with it. How did you do it?

B: I studied a lot and focused on the key topics. I guess that helped a lot.

A: That makes sense. I should ask you for study tips next time!

B: Of course! I'll be happy to help.

A: 너가 그 시험을 그렇게 쉽게 통과하다니 믿기지가 않아. 엄청 어려웠다고 들었어.
B: 나도 어려울 줄 알았는데, 생각보다 쉬웠어.
A: 정말? 다른 사람들은 다 힘들어했어. 어떻게 그렇게 잘 본 거야?
B: 많이 공부하고 핵심 내용을 집중적으로 파악했어. 그게 도움이 많이 됐던 것 같아.
A: 그렇구나. 다음에 공부할 때 너한테 팁을 좀 받아야겠어!
B: 물론이지! 언제든 도와줄게.

PRJ 09 I'm really **worried about** getting a job.
(취업이 정말 걱정돼.)

A: I'm really **worried about** getting a job. The job market seems so competitive these days.

B: I understand. I'm sure you'll find something great.

A: But what if I don't get hired?

B: Don't stress too much. Just focus on what you can do and keep applying. The right opportunity will come.

A: I hope so. I just don't want to feel like I've wasted all my efforts.

B: You haven't wasted anything.

A: 취업이 정말 걱정돼. 요즘 취업 시장 경쟁이 너무 치열한 것 같아.
B: 이해해. 분명 좋은 기회를 찾을 수 있을 거야.
A: 하지만 만약 채용되지 않으면 어떡해?
B: 너무 걱정하지 마. 네가 할 수 있는 일에 집중하고 계속 지원해 봐. 적절한 기회가 올 거야.
A: 그랬으면 좋겠어. 노력한 게 다 헛된 것처럼 느껴지고 싶지 않아.
B: 너는 절대 헛되게 노력한 게 아니야.

PRJ 10   I've been looking forward to it all week.
(이번 주 내내 기다렸어.)

A: The weekend is almost here! **I've been looking forward to** it all week.

B: Me too! I really need some time to unwind.

A: Any fun plans?

B: I'm thinking of going on a short trip to the countryside. How about you?

A: That sounds great! I'm just going to sleep in and take it easy.

B: That's a perfect way to recharge. Hope we both have a great weekend!

A: 드디어 주말이 다가오고 있어! 이번 주 내내 기다렸어.

B: 나도 그래! 좀 쉬는 시간이 필요해.

A: 재미있는 계획 있어?

B: 시골로 짧은 여행을 갈까 생각 중이야. 너는?

A: 멋지다! 나는 그냥 늦잠 자고 편하게 쉴 거야.

B: 완벽한 휴식 방법이지. 우리 둘 다 멋진 주말 보내자!

The Rainbow

by William Wordsworth (1770-1850)

My heart leaps up when I behold	무지개를 하늘에 볼 때마다
A rainbow in the sky:	내 마음은 뛰노네.
So was it when my life began;	내 삶이 시작되었을 때도 그러했듯,
So is it now I am a man;	이제 내가 어른이 되었어도 그러하네.
So be it when I shall grow old,	늙어서도 그러하기를 바라며,
Or let me die!	그렇지 않다면 차라리 죽음을 달라!
The Child is father of the Man;	어린아이는 어른의 아버지이니,
And I could wish my days to be	내 삶의 모든 날들이
Bound each to each by natural piety.	자연에 대한 경건으로 이어지기를 원하네.

♦ **William Wordsworth** (1770-1850)

영국을 대표하는 낭만주의 시인으로, 자연과 인간의 관계를 서정적으로 노래한 시인이며, The Rainbow" 라는 제목으로도 유명합니다.

이 시는 윌리엄 워즈워드의 자연에 대한 경건한 존중과 삶의 연속성을 표현한 대표작입니다.

일정 조율과 약속 잡기

I 일정 조율과 약속 잡기

II 회의 및 시간 관련 표현

III 영어 완전 정복! 프로젝트 60
   (PRJ 11 ~ 15)

성공적인 글로벌 비즈니스 영어

I 일정 조율과 약속 잡기

정확한 시간 준수(punctuality)가 매우 중요하게 생각한다. 약속이나 회의 일정에 변동이 생길 경우 사전에 연락하고, 가능한 대체 일정을 제시하는 것이 예의다. 또한 시간에 대한 인식과 문화는 국가마다 다소 차이가 있다.

- **미국 / 유럽**: 정시에 도착하는 것이 중요하며, 지각은 전문성과 신뢰를 해치는 것으로 간주한다.
- **일본**: 약속 시간보다 5~10분 일찍 도착하는 것이 예의다.
- **남미 지역**: 일정에 약간의 지연이 일반적으로 용인되는 편이다.

《1》 회의 스케줄 조정(Key Expressions)

회의 스케줄 조정은 비즈니스에서 가장 빈번하게 일어나는 상황 중 하나이다.

회의를 제안할 때는 먼저 명확한 목적을 제시해야 한다. "I'd like to schedule a meeting to discuss our quarterly budget"처럼 구체적으로 말하는 것이 좋다. 단순히 "Let's meet"라고 하면 상대방이 회의의 중요도나 준비사항을 파악하기 어렵다.

• 일정 확인하기

"Could you let me know your availability for next week?"
"What time works best for you?"
("다음 주 가능한 일정을 알려주실 수 있나요?" "어떤 시간이 가장 편하신가요?")

- 일정 변경 요청하기

"Would it be possible to reschedule our meeting?"
"Can we push back our meeting to a later time?"
("회의 일정을 변경할 수 있을까요?" "회의 시간을 조금 늦출 수 있을까요?")

- 대안 제시하기

"How about Thursday at 3 PM instead?"
"Would Friday morning work for you?"
("그럼 목요일 오후 3시는 어떠세요?" "금요일 오전은 괜찮으신가요?")

《2》 시간 정하기(Setting a Time)

상대방의 가능한 시간을 확인할 때는 "What are you free like next week?"("다음 주에 시간이 언제 괜찮으세요?") 같은 열린 질문으로 시작하는 것이 효과적입니다. 너무 구체적인 시간을 먼저 제시하면 상대방이 부담을 느낄 수 있다.

실제 대화에서는 이런 패턴이 많이 사용됩니다.
- **첫 번째**: 회의 목적 제시
- **두 번째**: 대략적인 시기 제안 ("next week", "early next month")
- **세 번째**: 상대방 의견 확인
- **네 번째**: 구체적 시간 협의

일정 변경이나 취소를 요청할 때는 특히 정중해야 한다. "I'm terribly sorry, but I need to reschedule."("정말 죄송하지만, 일정 변경이 필요합니다.")로 시작하고, 가능하면 이유를 간단히 설명하는 것이 좋다. 그리고 대안을 즉시 제시하면 상대방이 불편함을 덜 느끼게 된다.

① 약속 날짜와 시간 확정하기

"Let's schedule our meeting for Monday at 10 AM."
(회의를 월요일 오전 10시에 일정 잡읍시다.)

"Shall we set a fixed time every week for this discussion?"
(이 논의를 위해 매주 정해진 시간을 설정하는 것이 어떨까요?)

② 일정 확인 및 재확인하기

Just to confirm, we're meeting at 2 PM tomorrow, right?
(확인 차 여쭤보는데, 우리 내일 오후 2시에 만나기로 한 거 맞죠?)

I'll send you **the calendar invite for our meeting.**.
(일정 초대장을 보내드릴게요.)

③ 마무리 및 인사

Looking forward to our meeting!
See you then!
(회의가 기대됩니다! 그때 뵙겠습니다!)

《3》 이메일로 일정 잡기

Subject: Scheduling a Meeting

Dear Mr. Kim,

I hope you're well.

I'd like to schedule a meeting to discuss the Q2 project timeline.

Are you available next Tuesday at 3 p.m.?

If not, please let me know a time that suits you.

Best regards,

Emily Park

제목: 회의 일정 조정

김 선생님께,

잘 지내고 계시길 바랍니다.

Q2 프로젝트 일정에 대해 논의하기 위해 회의를 잡고 싶습니다.

다음 주 화요일 오후 3시에 가능하신가요?

만약 어렵다면 편하신 시간을 알려 주세요.

감사합니다.

Emily Park 드림

Ⅱ 회의 및 시간 관련 표현

▪ 회의 스케줄 조정 관련 표현 (Rescheduling a Meeting)

영어 표현	의미
reschedule	일정을 다시 잡다, 변경하다
postpone	연기하다
delay	지연시키다
push back	(일정을) 뒤로 미루다
move up	(일정을) 앞당기다
cancel	취소하다
conflict	일정 충돌, 겹침
availability	가능한 시간, 여유 시간
tight schedule	빠듯한 일정
make adjustments	조정하다
overlap	겹치다, 중복되다
double-booked	이중 예약된
on short notice	갑작스럽게, 촉박하게
alternative time	대체 시간
tentative schedule	잠정적인 일정
confirm the new time	새로운 시간을 확인하다

▪ 시간 정하기 관련 표현 (Setting a Time)

영어 표현	의미
schedule	일정을 잡다, 계획하다
set a time	시간을 정하다
book a meeting	회의를 예약하다
lock in a time	시간을 확정하다
available	시간이 가능한
free	시간이 비는
suitable/convenient	적당한, 편리한
propose a time	시간을 제안하다
check your calendar	일정을 확인하다
time slot	시간대, 일정 시간
anytime after ~	~ 이후 아무 때나
in the morning/afternoon	오전/오후에
earliest possible time	가능한 가장 이른 시간
around noon	정오쯤
by the end of the day	하루가 끝나기 전에

 **PRJ 11** **I'm used to** traveling alone.
(난 혼자 여행하는 데 익숙해.)

A: Do you usually travel with friends or alone?

B: **I'm used to** traveling alone. It gives me a sense of freedom.

A: That sounds amazing. Don't you ever feel lonely, though?

B: Sometimes, but I enjoy my own company. I meet people along the way, too.

A: I admire that. I'm not sure I could do it.

B: You might be surprised. **Traveling alone** can be really empowering.

A: 너는 보통 친구들이랑 여행해, 아니면 혼자 해?
B: 난 혼자 여행하는 데 익숙해. 자유로운 느낌이 들어서 좋아.
A: 멋지다. 근데 외롭진 않아?
B: 가끔은 외롭기도 하지만, 혼자 있는 걸 즐겨. 여행하면서 사람들을 만나기도 해.
A: 대단하네. 나는 그럴 수 있을지 모르겠어.
B: 해보면 놀랄걸. 혼자 여행하는 건 정말 자신감을 키워 줘.

Oh··· **I didn't know** it was that important.
(아··· 그게 그렇게 중요한 일이었는지 몰랐어.)

A: Did you submit the report on time?

B: No, I thought it wasn't a big deal.

A: What? It was crucial for the meeting!

B: Oh··· **I didn't know** it was that important.

A: We really needed it to prepare.

B: I'm so sorry. I'll take care of it right away.

A: 보고서 제시간에 제출했어?

B: 아니, 별일 아니라고 생각했어.

A: 뭐라고? 그거 회의에 정말 중요했어!

B: 아··· 그게 그렇게 중요한 일이었는지 몰랐어.

A: 우리 준비하려면 꼭 필요했어.

B: 정말 미안해. 바로 처리할게.

PRJ 13 Is there a convenience store arround here?
(이 근처에 편의점 있나요?)

A: Excuse me, **is there** a convenience store **arround here**?

B: Yes, there's one just around the corner.

A: Great! Is it open 24 hours?

B: I believe so. Most convenience stores here stay open all night.

A: That's perfect. I need to grab something quickly.

B: You'll find everything you need there.

A: 실례합니다, 이 근처에 편의점 있나요?

B: 네, 바로 코너를 돌면 하나 있어요.

A: 잘됐네요! 24시간 영업하나요?

B: 아마도요. 여기 편의점은 대부분 밤새 열어요.

A: 완벽하네요. 금방 뭐 좀 사야 해서요.

B: 거기서 필요한 건 다 찾을 수 있을 거예요.

Guess what I'm planning!
(내가 뭘 계획하고 있는지 맞혀봐!)

PRJ 14

A: I don't get it. **I don't know why** is she always so cold to me?

B: Maybe she's going through something. Have you tried talking to her?

A: I did, but she barely responded. She's totally different with others.

B: That's really strange. You didn't do anything to upset her, did you?

A: Not that I know of. It just hurts, you know?

B: I get it. Maybe give her some space and see if things change.

A: 이해가 안 돼. 왜 그녀는 항상 나한테 그렇게 차갑게 구는지 모르겠어.
B: 그녀가 무슨 힘든 일을 겪고 있는 걸 수도 있어. 혹시 대화를 시도해봤어?
A: 해봤는데 거의 대답도 안 해. 다른 사람들한테는 완전히 다르더라고.
B: 진짜 이상하다. 그녀를 화나게 할 만한 일을 한 건 아니지?
A: 내 기억엔 없어. 그냥 속상해…
B: 그 기분 이해해. 조금 거리를 둬보고 상황이 바뀌는지 지켜보는 것도 좋을 것 같아.

If I were you, I wouldn't give up that easily.
(내가 너라면 그렇게 쉽게 포기하진 않을 거야.)

A: I don't think you should give up so soon.

B: But I've tried everything, and nothing's working.

A: **If I were you, I wouldn't** give up that easily.

B: You really think there's still hope?

A: Definitely. Sometimes success comes right after you feel like

quitting.

B: Alright⋯ maybe I'll give it one more shot.

A: 그렇게 빨리 포기하는 건 아닌 것 같아.
B: 할 수 있는 건 다 해봤는데, 아무것도 효과가 없어.
A: 내가 너라면 그렇게 쉽게 포기하진 않을 거야.
B: 진짜 아직 희망이 있다고 생각해?
A: 물론이지. 때로는 포기하고 싶어질 때 바로 그 다음에 성공이 찾아오기도 해.
B: 알겠어⋯ 한 번만 더 도전해볼게.

Unit
04

회의 참여 및 의견 표현

성공적인 글로벌 비즈니스 영어

Ⅰ 회의 참여 및 시작하기

회의는 업무의 핵심적인 부분이다. 효과적인 회의 참여와 명확한 의견 표현은 성공적인 비즈니스 커뮤니케이션의 기반이 된다. 이번 단원에서는 회의를 시작하는 방법과 동의 및 반대 의견을 적절히 표현하는 기술을 배워본다.

한국어 표현	영어 표현
회의를 시작하겠습니다. 시작해 볼까요?	Let's get started with the meeting. Let's begin the meeting.
오늘의 안건은 ~입니다.	Today's agenda is ~.
오늘은 ~에 대해 논의할 것입니다.	Today, we'll be discussing~
회의를 주재하게 되어 기쁩니다.	I'm pleased to lead today's meeting.
모두 참석해 주셔서 감사합니다.	Thank you all for joining.
시간 관계상 바로 시작하겠습니다.	Let's dive right in due to time constraints.
모두 자료를 가지고 계신가요?	Does everyone have the materials?

💬 예시 대화 (Sample Dialogue)

Manager: Good morning, everyone. Let's get started with the meeting.

Team Member A: Good morning.

Manager: Today's agenda is to discuss the upcoming product launch.

Team Member B: Sounds good.

Manager: Thank you all for being here on time.

Manager: 안녕하세요, 여러분. 회의를 시작하겠습니다.

Team Member A: 안녕하세요.

Manager: 오늘의 의제는 다가오는 제품 출시에 대해 논의하는 것입니다.

Team Member B: 좋네요.

Manager: 정시에 참석해 주셔서 감사합니다.

Ⅱ 의견 표현

《1》 동의 표현(Expressions for Agreement)

영어 표현	의미
저도 동의합니다.	I agree with you.
맞는 말씀입니다.	That's a good point.
저도 같은 생각입니다.	I feel the same way. / I think so too.
그것에 전적으로 동의합니다.	I totally agree with that.
좋은 아이디어네요.	That's a great idea.
좋은 의견이에요.	That's a great point.
이 아이디어에 완전히 찬성합니다.	I totally support this idea.

《2》 반대 표현(Expressions for Disagreement)

영어 표현	의미
다른 의견이 있습니다.	I have a different opinion.
그 점에 대해는 동의하기 어렵습니다.	I'm afraid I can't agree with that.
죄송하지만 저는 같은 의견이 아닙니다.	I'm afraid I don't share the same opinion.
다시 생각해봐야 할 것 같습니다.	We might need to reconsider that.
다른 접근 방법이 있을 수 있습니다.	There might be another approach.
제 생각은 조금 다릅니다.	I see it a bit differently.
흥미로운 의견이지만 ~도 고려했나요?	That's an interesting idea, but have we considered~

💬 예시 대화(Sample Dialogue)

Team Member A: I think we should postpone the product launch by a month.

Team Member B: I agree with you. That will give us more time for testing.

Team Member C: I see your point, but I'm afraid I can't fully agree. The market opportunity might not wait that long.

Manager: Those are both valid points. Let's discuss the pros and cons before we decide.

Team Member A: 저는 제품 출시를 한 달 연기하는 것이 좋다고 생각합니다.

Team Member B: 저도 동의합니다. 그러면 테스트할 시간이 더 많아지겠죠.

Team Member C: 이해는 하지만 완전히 동의할 수는 없습니다. 시장 기회가 그렇게 오래 기다려 주지 않을 수도 있습니다.

Manager: 두 가지 의견 모두 타당합니다. 결정을 내리기 전에 장단점을 논의해 봅시다.

PRJ 16 — I just want to get away somewhere.
(그냥 아무 데로나 떠나고 싶어.)

A: **I just want to** get away somewhere. No plans, no responsibilities.

B: Seriously, same here. Maybe we should just hop on a train and see where it takes us.

A: That sounds amazing. Somewhere quiet would be perfect.

B: Or maybe the beach? Just us, the waves, and no notifications.

A: I'm in. Let's pack light and disappear for a few days.

B: Deal. Let's do it before life pulls us back in.

A: 그냥 아무 데로나 떠나고 싶어. 계획도, 책임도 없이.
B: 진짜 나도 그래. 그냥 기차 타고 어디로든 가볼까?
A: 완전 좋다. 조용한 곳이면 더할 나위 없겠네.
B: 아니면 바닷가도 괜찮고. 우리 둘만 있고, 파도 소리 들으면서 알림 걱정도 없는 곳.
A: 좋아, 짐도 가볍게 챙기고 며칠간 사라지자.
B: 좋았어. 인생이 우리를 다시 잡기 전에 실행하자.

Don't tell me you actually believed what they said.?

(설마 그 말 진짜로 믿은 거야)

A: **Don't tell me** you actually believed what they said.?

B: Well, it sounded convincing at the time.

A: Come on, it was obviously a joke!

B: I didn't think they'd mess with me like that.

A: They do it all the time—you gotta be careful.

B: Lesson learned. I'm never falling for that again.

A: 설마 그 말 진짜로 믿은 거야?
B: 그 당시에는 설득력있게 들렸거든
A: 에이, 누가 봐도 농담이었잖아!
B: 그렇게 나한테 장난칠 줄은 몰랐지.
A: 걔네 원래 그래—조심해야 돼.
B: 교훈 얻었어. 다시는 안 속을 거야.

PRJ 18 Is it okay if I call you later tonight?
(오늘 밤 늦게 전화해도 괜찮을까요?)

A: Hey, **is it okay** if I call you later tonight?

B: Sure! I'll be free after 8.

A: Great, I just wanted to talk about something that's been on my mind.

B: Sounds important. I'll make sure to keep my phone nearby.

A: Thanks, I appreciate it.

B: Anytime. Talk to you soon!

A: 저 오늘 밤 늦게 전화해도 괜찮을까요?
B: 물론이죠! 8시 이후엔 시간 괜찮아요.
A: 다행이다. 요즘 좀 마음에 걸리는 일이 있어서요.
B: 중요한 얘기 같네요. 전화기 옆에 두고 있을게요.
A: 고마워요. 정말 감사해요.
B: 언제든지요. 곧 얘기해요!

What's the name of that movie we watched last weekend?
(저번 주말에 우리가 본 영화 이름 뭐였지?)

A: Hey, **what's the name of** that movie we watched last weekend?

B: The one with the time travel and the scientist?

A: Yeah, that one! It was so good.

B: I think it was called Time Loop.

A: Right! That's it. I want to recommend it to a friend.

B: Good idea. He(She)'ll love it.

A: 저번 주말에 우리가 본 영화 이름 뭐였지?

B: 시간 여행하고 과학자 나오는 그거 말하는 거야?

A: 맞아, 그거! 진짜 재밌었지.

B: 아마 타임 루프였던 것 같아.

A: 아 그렇지! 친구한테 추천하려고 했거든.

B: 잘했네. 분명 좋아할 거야.

You should have taken that opportunity.
(넌 그 기회를 잡았어야지.)

A: I still can't believe you turned that offer down.

B: I know··· I've been thinking about it nonstop.

A: **You should have taken** that opportunity. It could've changed everything.

B: I was scared I wasn't ready, you know?

A: Sometimes you have to take the leap—even if you're not 100% sure.

B: I get that now. Just hope I get another shot.

A: 네가 그 제안을 거절했다는 게 아직도 믿기지 않아.
B: 나도 그래··· 계속 그 생각만 해.
A: 넌 그 기회를 잡았어야지. 모든 게 바뀔 수도 있었잖아.
B: 내가 준비가 안 된 것 같아서 무서웠어.
A: 때로는 완벽하게 확신이 없어도 그냥 뛰어들어야 할 때가 있어.
B: 이제야 그걸 알겠어. 다시 그런 기회가 오면 좋겠다.

출장 과 호텔 체크인

I 출장과 호텔 체크인

II 호텔 문제 해결

III 영어 완전 정복! 프로젝트 60
(PRJ 21 ~ 25)

성공적인 글로벌 비즈니스 영어

I 출장과 호텔 체크인

《1》비행과 공항(Flight and Airport)

① 주요 어휘(Key Vocabulary)

departure [dɪˈpɑːrtʃər] 출발

arrival [əˈraɪvəl] 도착

boarding pass [ˈbɔːrdɪŋ pæs] 탑승권

gate [geɪt] 게이트

baggage claim [ˈbægɪdʒ kleɪm] 수하물 찾는 곳

customs [ˈkʌstəmz] 세관

connecting flight [kəˈnektɪŋ flaɪt] 연결편

② 필수 표현(Essential Phrases)

②-1 체크인 카운터에서(At Check-in Counter)

"I'd like to check in for flight AA123 to Seoul."
"Could I have a window/aisle seat, please?"
"How many bags are you checking today?"
"Is this within the weight limit?"

②-2 보안검색과 탑승(Security and Boarding)

"Please remove your laptop and liquids."

"We're now boarding passengers in Group A."

"What's your seat number?"

"Could you help me with my carry-on bag?"

②-3 비행 중(During Flight)

"Could I have a blanket, please?"

"What time do we arrive in Seoul?"

"Could you help me fill out this customs form?"

"Is there Wi-Fi available on this flight?"

💬 Dialogue Practice — At the Airport Check-in

Agent: Good morning! Where are you traveling to today?

Traveler: Good morning. I'm flying to Seoul on the 2:30 PM flight.

Agent: May I see your passport and ticket, please?

Traveler: Here you are. Could I get an aisle seat if possible?

Agent: Let me check... Yes, I can give you 12C. Are you checking any bags today?

Traveler: Yes, just this one suitcase.

Agent: Perfect. That's within the weight limit. Here's your boarding pass. Your gate is B7, and boarding begins at 1:45 PM.

Traveler: Thank you. How do I get to gate B7?

Agent: Take the escalator up to the second floor and follow the signs for gates B1-B10.

직원: 좋은 아침입니다! 오늘은 어디로 여행 가시나요?

여행자: 안녕하세요. 오후 2시 30분 서울행 비행기를 탑니다.

직원: 여권과 티켓을 보여주시겠어요?

여행자: 여기 있습니다. 가능하다면 복도 쪽 좌석으로 부탁드릴 수 있을까요?

직원: 확인해볼게요... 네, 12C 좌석 드릴 수 있어요. 오늘 짐 부치시나요?

여행자: 네, 이 캐리어 하나만요.

직원: 좋아요. 무게 제한 안에 들어있네요. 여기 탑승권입니다. 탑승구는 B7이고, 탑승은 오후 1시 45분부터 시작됩니다.

여행자: 감사합니다. B7 게이트로는 어떻게 가나요?

직원: 에스컬레이터를 타고 2층으로 올라가신 후, B1에서 B10까지 게이트 표지판을 따라가시면 됩니다.

《2》 호텔 체크인(Hotel Check-in)

① 주요 어휘(Key Vocabulary)

reservation [ˌrezərˈveɪʃən] 예약

confirmation number [ˌkɑːnfərˈmeɪʃən ˈnʌmbər] 확인 번호

single/double room [ˈsɪŋɡəl/ˈdʌbəl ruːm] 싱글/더블룸

amenities [əˈmenətiz] 편의 시설, 편의 용품

concierge [ˌkɑːnsiˈerʒ] 컨시어지

wake-up call [ˈweɪk ʌp kɔːl] 모닝콜

room service [ruːm ˈsɜːrvɪs] 룸서비스

check out [ˈtʃekaʊt] 체크아웃

② 필수 표현(Essential Phrases)

②-1 예약하기(Making a Reservation)

"I'd like to make a reservation for two nights."

"Do you have any rooms available from March 15th to 17th?"

"What's the rate for a standard double room?"

"Does that include breakfast?"

②-2 체크인(At Check-in)

"I have a reservation under the name of Kim."

"Could I see some identification, please?"

"Here's your key card for room 1205."

"The elevators are to your right."

②-3 Asking about Hotel Services(호텔 서비스 문의)

"What time does the restaurant close?"

"Is there a business center in the hotel?"

"Could you arrange a wake-up call for 7 AM?"

"Where can I find the fitness center?"

💬 Dialogue Practice — Hotel Check-in

Receptionist: Welcome to the Grand Hotel. How may I help you?

Guest: Hi, I have a reservation under the name Park.

Receptionist: Let me check... Yes, Mr. Park. I have you down for a deluxe single room for three nights. Is that correct?

Guest: Yes, that's right. What time is checkout?

Receptionist: Checkout is at 11 AM, but we can arrange a late checkout until 1 PM for an additional fee.

Guest: That won't be necessary. Could you tell me about the hotel amenities?

Receptionist: Certainly. We have a fitness center on the 3rd floor, a business center on the 2nd floor, and our restaurant is open until 10 PM. We also offer 24-hour room service.

Guest: Great. Could I get a wake-up call for 6:30 AM tomorrow?

Receptionist: Of course. Here's your key card for room 805. The elevators are just around the corner.

리셉션 직원: 그랜드 호텔에 오신 걸 환영합니다. 무엇을 도와드릴까요?

투숙객: 안녕하세요, 박이라는 이름으로 예약했어요.

리셉션 직원: 확인해볼게요... 네, 박 고객님. 디럭스 싱글룸으로 3박 예약되어 있습니다. 맞으신가요?

투숙객: 네, 맞아요. 체크아웃은 몇 시인가요?

리셉션 직원: 체크아웃은 오전 11시입니다. 추가 요금이 발생하지만 오후 1시까지 늦은 체크아웃도 가능합니다.

투숙객: 괜찮습니다. 호텔 편의시설에 대해 알려주시겠어요?

리셉션 직원: 물론입니다. 3층에 피트니스 센터, 2층에 비즈니스 센터가 있고, 저희 레스토랑은 오후 10시까지 운영됩니다. 24시간 룸서비스도 제공됩니다.

투숙객: 좋네요. 내일 아침 6시 30분에 모닝콜 부탁드릴게요.

리셉션 직원: 물론이죠. 여기 805호실 키 카드입니다. 엘리베이터는 저기 모퉁이를 돌면 바로 있습니다.

Ⅱ 호텔 문제 해결(Problem Solving at Hotels)

《1》호텔에서 흔히 발생하는 문제들(Common Hotel Problems)

Room issues (객실 문제)

Service complaints (서비스 불만)

Billing disputes (요금 분쟁)

Facility problems (시설 문제)

complaint [kəm'pleɪnt] (불만, 항의)

maintenance ['meɪntənəns] (유지보수)

refund ['riːfʌnd] (환불)

compensation [ˌkɑːmpen'seɪʃən] (보상)

upgrade ['ʌpgreɪd] (업그레이드)

malfunction [ˌmæl'fʌŋkʃən] (고장)

inconvenience [ˌɪnkən'viːniəns] (불편)

《2》필수 표현(Essential Phrases)

① 문제 신고(Reporting Problems)

"I'm having a problem with my room."
(제 방에 문제가 있어요.)

"The air conditioning isn't working."

(에어컨이 작동하지 않아요.)

"There's no hot water in my bathroom."
(욕실에 뜨거운 물이 안 나와요.)

"The Wi-Fi connection is very slow."
(와이파이 속도가 너무 느려요.)

"Could you send someone to fix this?"
(이걸 고칠 사람을 보내주실 수 있나요?)

② 불만 제기(Making Complaints)

"I'm not satisfied with the service."
(서비스에 만족하지 못하겠어요.)

"This is not what I expected."
(기대했던 것과 달라요.)

"I'd like to speak to the manager."
(매니저와 이야기하고 싶어요.)

"I think there's been a mistake with my bill."
(계산서에 오류가 있는 것 같아요.)

③ 해결책 요청(Requesting Solutions)

"Could you move me to a different room?"
(다른 방으로 옮겨주실 수 있나요?)

"I'd like a partial refund for the inconvenience."
(불편에 대한 일부 환불을 받고 싶어요.)

"Can you upgrade me to a better room?"
(더 나은 방으로 업그레이드해 주실 수 있나요?)

"What can you do to resolve this issue?"
(이 문제를 해결하기 위해 어떤 조치를 해주실 수 있나요?)

💬 Dialogue Practice — 문제해결(Problem Resolution)

Guest: Excuse me, I need to report a problem with my room.

Staff: I'm sorry to hear that. What seems to be the issue?

Guest: The heating system isn't working, and it's quite cold in the room.

Staff: I apologize for the inconvenience. Let me call maintenance right away. In the meantime, would you like me to bring you some extra blankets?

Guest: That would be helpful, but I'd prefer to move to a different room if possible.

Staff: Let me check our availability... I can offer you a room on the 10th floor with the same amenities. Would that work for you?

Guest: Yes, that sounds good. Will there be any additional charge?

Staff: No charge at all. In fact, let me upgrade you to a junior suite as compensation for the inconvenience.

Guest: Thank you, I appreciate that.

Staff: You're welcome. I'll have someone help you with your luggage, and here's your new key card.

손님: 실례합니다, 방에 문제가 있어서 전화드렸습니다.

직원: 불편을 드려 죄송합니다. 어떤 문제인지 말씀해 주시겠어요?

손님: 난방이 작동하지 않아서 방이 꽤 추워요.

직원: 정말 죄송합니다. 바로 정비팀에 연락드리겠습니다. 그동안 담요라도 가져다드릴까요?

손님: 도와주시니 감사합니다. 그런데 가능하다면 다른 방으로 옮기고 싶어요.

직원: 알겠습니다, 가능한 방을 확인해 볼게요... 10층에 같은 조건의 방이 있습니다. 괜찮으신가요?

손님: 네, 좋아요. 추가 요금이 발생하나요?

직원: 전혀 없습니다. 불편을 끼쳐드린 보상으로 주니어 스위트룸으로 업그레이드해 드리겠습니다.

손님: 감사합니다. 정말 감사해요.

직원: 천만에요. 짐 옮기는 걸 도와드릴 직원이 곧 도착할 거고, 여기 새 키 카드 드릴게요.

I think I'm going to pass!
(나 이번에는 합격할 것 같아!)

A: I have a good feeling about this time. **I think I'm going to** pass!

B: Really? That's great! What makes you feel so confident?

A: I studied harder than ever and stayed focused during the test.

B: Sounds like you gave it your all. You definitely deserve to pass!

A: Thanks! I just hope all my effort pays off.

B: It will. I'm rooting for you all the way!

A: 이번에는 느낌이 좋아. 나 이번에는 합격할 것 같아!

B: 정말? 잘됐네! 왜 그렇게 자신이 있어?

A: 어느 때보다 열심히 공부했고 시험 보는 동안 집중했어. B: 완전 열심히 했네. 합격할 자격 충분히 있어!

A: 고마워! 그동안 노력한 게 보람 있었으면 좋겠어.

B: 그럴 거야. 내가 아주 응원할게!

PRJ 22 — I told you to knock before coming into my room!
(내 방 들어오기 전에 노크하라고 했잖아!)

A: Hey! **I told you to** knock before coming into my room!

B: Sorry, I didn't think it was a big deal.

A: It is! I need my privacy, you know.

B: Okay, I get it. I'll make sure to knock next time.

A: Thank you. It really means a lot to me.

B: No problem. I'll respect your space from now on.

A: 야! 내 방 들어오기 전에 노크하라고 했잖아!

B: 미안해, 별일 아니라고 생각했어.

A: 아니야! 나도 사생활이 필요해.

B: 알겠어. 다음부터 꼭 노크할게.

A: 고마워. 그 말 정말 고마워.

B: 괜찮아. 이제부터 네 공간 존중할게.

I feel really bad that my opinion was ignored.
(내 의견이 무시됐다니 정말 기분이 안 좋아.)

A: **I feel really bad that** my opinion was ignored.

B: I'm so sorry. I didn't mean to make you feel that way.

A: It just felt like nobody cared about what I said.

B: I understand. Your thoughts matter, and I should've listened

  better.

A: Thanks for saying that. I just want to be heard.

B: You deserve to be. Let's make sure it doesn't happen again.

A: 내 의견이 무시됐다니 정말 기분이 안 좋아.
B: 정말 미안해. 그런 기분 들게 하려던 건 아니었어.
A: 그냥 내가 한 말에 아무도 관심을 안 가진 것 같았어.
B: 이해해. 너의 생각은 중요하고, 내가 더 잘 들었어야 했어.
A: 그렇게 말해줘서 고마워. 나는 단지 내 말이 들렸으면 좋겠어.
B: 너는 들을 자격이 있어. 다시는 그런 일이 없도록 할게.

PRJ 24 How often do you think about your future?
(얼마나 자주 네 미래에 대해 고민해?)

A: **How often do you** think about your future?

B: Honestly, almost every day. It's hard not to.

A: Same here. There's so much pressure to have everything figured out.

B: Yeah, sometimes I feel overwhelmed by all the expectations.

A: Me too. But I guess thinking about it helps us prepare better.

B: True. As long as we don't let the stress take over, we'll be fine.

A: 얼마나 자주 네 미래에 대해 고민해?
B: 솔직히 거의 매일. 안 할 수가 없잖아.
A: 나도 그래. 모든 걸 다 계획해야 한다는 압박이 너무 심해.
B: 맞아, 기대에 눌려서 때때로 벅차게 느껴져.
A: 나도. 그래도 미래를 고민하면 준비가 더 잘 되긴 하지.
B: 그렇지. 스트레스에만 휘둘리지만 않으면 괜찮을 거야.

When it comes to concentration, music really helps me.

(집중력에 관해서라면 음악이 정말 도움이 되더라.)

A: **When it comes to** concentration, music really helps me.

B: Oh yeah? What kind of music do you listen to while studying?

A: Mostly instrumental or lo-fi. Lyrics tend to distract me.

B: That makes sense. I listen to classical music—it clears my mind.

A: Nice! I think it's all about finding what works best for you.

B: Totally agree. Music can really set the mood for focused work.

A: 집중력에 관해서라면 음악이 정말 도움이 되더라.

B: 그래? 공부할 때 어떤 음악 들어?

A: 대부분 연주곡이나 로파이 들어. 가사 있는 음악은 집중이 안 돼.

B: 이해돼. 나는 클래식 음악 들어—머리가 맑아지는 느낌이야.

A: 좋다! 결국 자기한테 맞는 걸 찾는 게 중요한 것 같아.

B: 완전 공감해. 음악이 집중하는 분위기를 만들어 주는 것 같아.

Unit
06

비즈니스 식사와 에티켓

I 비즈니스 식사

II 비즈니스 에티켓

III 영어 완전 정복! 프로젝트 60
  (PRJ 26 ~ 30)

성공적인 글로벌 비즈니스 영어

I 비즈니스 식사

비즈니스 식사는 단순한 식사를 넘어 관계 구축과 신뢰 형성의 중요한 장이다. 업무 외적인 자리에서 자연스럽게 대화를 이어가며, 비즈니스 협상과 네트워킹의 기회를 얻을 수 있다.

특히 글로벌 비즈니스 환경에서는 다양한 문화적 배경을 가진 사람들과의 식사가 빈번하므로, 언어 능력뿐만 아니라 식사 예절과 문화에 대한 이해도 필수적이다. 올바른 에티켓을 갖추면 원활한 소통은 물론, 비즈니스 성공에도 긍정적인 영향을 미칠 수 있다.

《1》 비즈니스 식사의 목적

비즈니스 식사는 단순한 식사가 아니라 관계 구축, 정보 교환, 협상과 의사결정의 장이다. 업무 외적인 환경에서 자연스럽게 신뢰를 쌓을 수 있는 기회로 활용된다.

① 관계 구축(Relationship Building)

"Let's discuss this over lunch."
(점심 먹으면서 이야기해요.)

"I'd like to take you to dinner to celebrate the successful project."
(성공적인 프로젝트를 축하하며 저녁을 대접하고 싶습니다.)

② 정보 교환(Information Exchange)

"We can go over the details during our business breakfast."
(비즈니스 조찬 중에 세부사항을 검토할 수 있습니다.)

"This would be a good opportunity to share our market insights."
(시장 통찰력을 공유할 좋은 기회가 될 것입니다.)

③ 협상과 의사결정(Negotiation and Decision Making)

"Perhaps we can reach an agreement over coffee."
(커피를 마시며 합의에 도달할 수 있을 것 같습니다.)

"Let's seal the deal with a proper dinner."
(제대로 된 저녁식사로 거래를 성사시킵시다.)

※ **seal the deal** 합의를 마무리 짓다, 거래를 성사시키다

《2》 초대 및 응답하기

"Would you like to join us for dinner after the meeting?"
(회의 후 저녁 식사 함께 하시겠어요?)

"Thank you, I'd be delighted to join you."
(감사합니다. 기꺼이 함께하겠습니다.)

"I appreciate the invitation, but I already have a prior engagement."
(초대해 주셔서 감사하지만 선약이 있습니다.)

《3》 계산 및 팁 문화

♦ 일반적으로 초대한 사람이 계산
♦ 미국 등에서는 팁 필수 (15-20%)
♦ 유럽 일부 지역은 서비스 요금이 포함되기도 한다.

※ 유용한 표현(Useful Phrases)

"Let me take care of the bill."
(제가 계산하겠습니다.)

"Shall we split the bill?"
(계산을 나눌까요?) - (친구나 캐주얼한 자리에서 가능)

💬 비즈니스 식사의 종류(Types of Business Meals)

종류	시간	특징	적합한 상황
Business Breakfast	07:00~09:00	▶ 간단 ▶ 효율적	▶ 바쁜 일정 전 미팅 ▶ 빠른 보고
Business Lunch	12:00~14:00	▶ 가장 보편적 ▶ 업무 시간 중 진행	▶ 클라이언트 미팅 ▶ 업무 협의
Business Dinner	18:00~21:00	여유롭고 격식 있음	▶ 계약 체결, 축하 ▶ 팀 빌딩
Cocktail Reception	17:00~19:00	네트워킹 중심	▶ 제품 런칭 ▶ 비공식 교류

Ⅱ 비즈니스 에티켓

《1》기본적인 비즈니스 매너

- **시간 준수:** 약속 시간 철저히 지키기
- **복장 규칙:** 회사 문화와 상황에 맞는 복장 착용
- **명함 교환:** 두 손으로 정중하게 전달하고 받은 명함은 바로 넣지 말고 잠시 살펴보기

《2》초대와 응답 에티켓

① 초대 시 표현

Would you be available for lunch next Tuesday?
(다음 주 화요일 점심 시간에 가능하신가요?)

I'd like to invite you to dinner to discuss the new partnership.
(새로운 파트너십에 대해 논의하기 위해 저녁 식사에 초대하고 싶습니다.)

② 응답 표현

수락: "That sounds wonderful. I'd be delighted to join you."
(정말 좋네요. 기꺼이 함께하겠습니다.)

거절: "I appreciate the invitation, but I have a prior commitment."
(초대해 주서서 감사하지만, 선약이 있습니다.)

대안 제시: I'm not available that day, but how about Thursday instead?

(그날은 일정이 안 되는데, 대신 목요일은 어떠세요?)

《3》 테이블 매너

① 좌석 배치

- 호스트는 손님의 오른쪽에 앉음
- 가장 중요한 손님은 호스트의 오른쪽
- 창가나 문 쪽은 손님에게 양보

② 대화 주제

- **추천 주제:** 날씨, 여행, 음식, 문화
- **피해야 할 주제:** 정치, 종교, 개인 사생활

③ 기본 매너

- 냅킨은 무릎 위
- 휴대폰은 무음, 테이블 위에 두지 않기
- 식기는 바깥에서 안쪽 순서로 사용

※ 주문 에티켓

What would you recommend?

(추천해 주시겠어요?)

➡ 음식, 와인, 관광지 등 다양한 상황에서 사용할 수 있는 표현이다.

Could we see the wine list?

(와인 리스트를 볼 수 있을까요?")

➡ 레스토랑에서 와인 종류를 확인하고 싶을 때 사용하는 정중한 표현이다.

《4》 문화별 비즈니스 에티켓

① 서구문화

- 미국: 빠른 진행, 비즈니스는 식사 후 진행
- 영국: 격식 중시, 점진적 대화, 정중한 언어 사용

② 아시아 문화

- **일본**: 명함 교환 후 식사, 상급자 먼저 젓가락, 건배 시 잔 낮게
- **중국**: 회전판 사용, 호스트가 음식 권함, 비즈니스는 식사 후 진행

💬 결론

비즈니스 식사와 에티켓은 단순한 식사를 넘어 성공적인 비즈니스 관계를 구축하는 필수 요소이다. 적절한 준비와 예의를 갖춘 태도로 임하면, 식사 자리는 의미 있는 비즈니스 기회로 발전할 수 있다.

문화적 차이를 존중하고 상대방의 편의를 배려하는 마음가짐이 가장 중요하다. 자신감과 세련된 태도를 갖추기 위해 지속적인 연습과 경험을 쌓아야 한다.

기억하세요—좋은 에티켓은 상대방에 대한 존중의 표현이며, 성공적인 비즈니스 관계의 출발점이다.

PRJ 26

You don't have to explain yourself to me.
(넌 꼭 나한테 설명 안 해도 돼.)

A: **You don't have to** explain yourself to me.

B: I just didn't want you to get the wrong idea.

A: I get it, really. I trust you.

B: That means a lot… thank you for understanding.

A: Anytime. I'm always here for you, no matter what.

B: You're the best. I don't know what I'd do without you.

A: 넌 꼭 나한테 설명 안 해도 돼.
B: 그냥 네가 오해할까 봐 걱정됐어.
A: 정말 괜찮아. 난 널 믿어.
B: 그 말 정말 고마워… 이해해줘서 고마워.
A: 언제든지. 나는 항상 네 편이야, 어떤 일이 있어도.
B: 최고야. 너 없었으면 어쩔 뻔했는지 몰라.

PRJ
27

I've been thinking that I should say this for a long time… thank you.
(오랫동안 이 말을 해야겠다고 줄곧 생각해 온 건데, 고마워.)

A: **I've been thinking that** I should say this for a long time…
thank you.

B: Oh, really? What for?

A: For always being there for me, even when I didn't ask for help.

B: You don't have to thank me. I was just doing what a friend does.

A: Still, it means a lot to me. I just never got around to saying it.

B: Well, I'm glad you did. That really warms my heart.

A: 오랫동안 이 말을 해야겠다고 줄곧 생각해 온 건데, 고마워
B: 정말? 뭐 때문에?
A: 내가 도움을 요청하지 않아도 항상 곁에 있어줘서.
B: 고맙다고 할 필요 없어. 친구로서 당연히 한 거야.
A: 그래도 나한테는 큰 의미야. 그냥 말할 기회를 못 잡았을 뿐이야.
B: 지금 말해줘서 기뻐. 진심으로 마음이 따뜻해지네.

 **It seems like** something good is going to happen today.
(오늘은 좋은 일이 생길 것 같은 느낌이 들어.)

A: I don't know why, but **It seems like** something good is going to happen today.

B: Really? Did something happen?

A: Not exactly. It's just... the vibe feels different, in a good way.

B: That sounds exciting! Maybe you'll get some unexpected good news.

A: Or maybe I'll bump into someone special. Who knows?

B: Whatever it is, I hope it turns out to be amazing!

A: 왜인지 모르겠지만, 오늘은 좋은 일이 생길 것 같은 느낌이 들어.
B: 정말? 무슨 일이 있었어?
A: 꼭 그런 건 아닌데⋯ 그냥 분위기가 평소랑 좀 달라, 좋은 쪽으로.
B: 재밌겠다! 어쩌면 예상 못 한 좋은 소식을 듣게 될지도 몰라.
A: 아니면 특별한 누군가를 우연히 만나게 될지도 몰라. 누가 알아?
B: 뭐가 됐든, 멋진 일로 이어지길 바랄게!

What I'm saying is that you should be careful.
(내 말은 네가 조심해야 한다는 거야.)

A: I wasn't trying to upset you. **What I'm saying is that** you should be careful.

B: I know⋯ I just took it the wrong way at first.

A: It happens. Sometimes words don't come out the way we mean.

B: Yeah, I get it now. Thanks for explaining.

A: No problem. I just care about you, that's all.

B: And I appreciate that, really.

A: 너를 화나게 하려고 한 건 아니었어. 내 말은 네가 조심해야 한다는 거야.
B: 알아⋯ 처음엔 내가 좀 다르게 받아들였어.
A: 그럴 수 있지. 말은 가끔 우리가 의도한 대로 전달되지 않기도 해.
B: 맞아, 이제 이해돼. 설명해줘서 고마워.
A: 괜찮아. 난 그냥 네가 걱정돼서 그런 거야.
B: 정말 고마워. 너의 마음이 정말 고맙게 느껴져.
A: 그래도 나한테는 큰 의미야. 그냥 말할 기회를 못 잡았을 뿐이야.
B: 지금 말해줘서 기뻐. 진심으로 마음이 따뜻해지네.

What if I fail the exam?
(시험에 떨어지면 어쩌지?)

A: **What if** I fail the exam?

B: Don't think like that. You've worked really hard.

A: I know, but I still feel nervous.

B: That's totally normal. Everyone gets anxious before a big test.

A: I just don't want to disappoint anyone…

B: No one will be disappointed. Just do your best—that's all anyone can ask for.

A: 시험에 떨어지면 어쩌지?
B: 그런 생각하지 마. 너 정말 열심히 했잖아.
A: 그건 알지만, 그래도 긴장돼.
B: 그건 완전히 자연스러운 거야. 누구나 중요한 시험 앞에선 불안해해.
A: 그냥 누구에게 실망 주고 싶지 않아…
B: 아무도 실망하지 않을 거야. 그냥 최선을 다해—그게 모두가 바라는 거야.

프레젠테이션 준비와 발표

성공적인 글로벌 비즈니스 영어

I 프레젠테이션 준비와 발표

《1》발표 시작(Opening a Presentation)

처음 인사와 발표 목적을 간결하게 전달하는 것이 중요하다. 청중에게 발표의 흐름을 알려주면 집중도가 높아진다

① 인사 및 소개

- "Good morning, everyone. My name is [이름], and I'm delighted to be here today to talk about [주제]."

(여러분, 좋은 아침입니다. 제 이름은 [이름]이며, 오늘 [주제]에 대해 이야기하게 되어 기쁩니다.)

- "Hello everyone. Thank you for being here. Let me start by introducing myself. I'm [이름] from [회사명]."

(여러분, 안녕하세요. 참석해 주셔서 감사합니다. 먼저 제 소개부터 하겠습니다. 저는 [회사명]의 [이름]입니다.)

② 주제 소개 및 목적

- "Today, I will be discussing [주제] and how it can benefit [청중]."

(오늘 저는 [주제]에 대해 설명하고, 이것이 [청중]에게 어떤 도움이 될 수 있는지 말씀드리겠습니다.)

- "The purpose of this presentation is to provide insights into [주제] and offer practical solutions."

(이 프레젠테이션의 목적은 **[주제]**에 대한 통찰을 제공하고 실질적인 해결책을 제시하는 것입니다.)

③ 청중의 관심을 끄는 방법

◆ "Did you know that **[흥미로운 사실]**?"
   (여러분, **[흥미로운 사실]**을 알고 계셨나요?)

◆ "Before we start, let me ask you a quick question: **[질문]**?"
   (본격적으로 시작하기 전에 빠른 질문 하나 드리겠습니다: **[질문]**?)

《2》자료 설명(Presenting Data and Information)

시각 자료(슬라이드, 도표 등)를 설명할 때는 시선 유도 표현(Let me draw your attention~)을 사용하면 청중의 이해를 도울 수 있다.

① 핵심 내용 강조

◆ "Let's take a look at the key points."
   (주요 내용을 살펴보겠습니다.)

◆ "I'd like to highlight an important aspect of this topic."
   (이 주제의 중요한 측면을 강조하고 싶습니다.)

② 자료 및 차트 설명

◆ "As you can see on this slide, **[자료 요약]**."

(이 슬라이드에서 보시다시피, **[자료 요약]**.)

◆ "This graph illustrates the trend of **[데이터 설명]**."
   (이 그래프는 **[데이터 설명]**의 추세를 보여줍니다.)

③ 예시 및 사례 제공

◆ For example, **[예시]**.
   (예를 들면, **[예시]**.)

◆ A great case study of this is **[사례]**.
   (이와 관련된 훌륭한 사례 연구는 **[사례]**입니다.)

④ 이해 확인 및 피드백 요청

◆ Does this make sense so far?
   (여기까지 이해가 되시나요?)

◆ Feel free to ask any questions as we go along.
   (진행하면서 궁금한 점이 있으면 언제든지 질문해 주세요.)

《3》마무리 표현(Concluding a Presentation)

마무리할 때는 요점을 요약하고 감사의 표현을 빠뜨리지 말아야 한다. 질의응답 유도 문장도 자연스럽게 포함시켜야 한다.

① 요약 및 결론

◆ To summarize, today we covered [핵심 내용].

 (요약하자면, 오늘 우리는 [핵심 내용]에 대해 다루었습니다.)

◆ In conclusion, [주요 메시지] is essential for [목적].

 (결론적으로, [주요 메시지]는 [목적]을 위해 매우 중요합니다.)

② Q&A 및 마무리 인사

◆ Before we wrap up, are there any questions?

 (마무리하기 전에 질문이 있으신가요?)

◆ Thank you for your time and attention. I really appreciate it

 (시간을 내어 주셔서 감사합니다. 정말 감사드립니다.)

③ 행동 유도 및 다음 단계 제안

◆ I encourage you to apply these strategies in your work.

 (이 전략을 실제 업무에 적용해 보시길 권장합니다.)

◆ If you'd like more details, feel free to reach out to me after this session.

 (더 자세한 정보가 필요하시면 세션 후에 언제든지 연락 주세요.)

Ⅱ 유용한 표현

《1》발표시작

◆ Good morning/afternoon. Thank you for coming today.
  (좋은 아침/오후입니다. 오늘 와주셔서 감사합니다.)

 (예문) Good morning. My name is Sarah Kim, and I'm the marketing
    manager at GreenTech.
    (좋은 아침입니다. 저는 GreenTech의 마케팅 매니저 사라 김입니다.)

◆ Let me start by introducing myself.
  ("제 소개부터 시작하겠습니다.)

 (예문) Today, I'd like to talk about our new product launch strategy.
    (오늘 저는 당사의 신제품 출시 전략에 대해 말씀드리고자 합니다.)

◆ Today, I'd like to talk about...
  (오늘 저는 …에 대해 이야기하고자 합니다.)

 (예문) Today, I'd like to talk about healthy habits that can improve our
    daily lives.
(오늘 저는 우리의 일상생활을 더 좋게 만드는 건강한 습관에 대해 이야기하고 싶습니다.)

◆ The purpose of this presentation is to…
  (이번 발표의 목적은 …입니다.)

(예문) The purpose of this presentation is to share the results of our recent customer survey.

(이번 발표의 목적은 최근 고객 설문 조사 결과를 공유하는 것입니다.)

◆ I'll begin with..., then move on to..., and finally…

(먼저 …를 설명한 후, …로 넘어가고, 마지막으로 …를 다루겠습니다.)

(예문) I'll first give you some background information, then explain our findings, and finally discuss the next steps.

(먼저 배경 정보를 드린 후, 조사 결과를 설명하고, 마지막으로 다음 단계에 대해 논의하겠습니다.)

《2》 자료 설명(Explaining the Materials)

◆ **As you can see on this slide ~.**

(이 슬라이드에서 보시다시피~)

(예문) As you can see on this slide, sales increased by 20% in Q2.

(이 슬라이드에서 보시다시피, 2분기 매출이 20% 증가했습니다.)

◆ **This chart shows ~**

(이 차트는 ~을 보여줍니다.)

(예문) This chart shows the comparison between domestic and international sales.

(이 차트는 국내 시장과 해외 시장의 판매 비교를 보여줍니다.)

◆ **According to this data ~**

(이 데이터에 따르면 ~)

(예문) According to this data, customer satisfaction has improved significantly.
(이 데이터에 따르면, 고객 만족도가 크게 향상되었습니다.)

◆ **Let me draw your attention to ~**

("여기에서 주목할 부분은 ~)

(예문) Let me draw your attention to the figures in the top right corner.
(우측 상단의 숫자에 주목해 주세요.)

◆ **What this means is that ~**

(이것이 의미하는 바는 ~)

(예문) What this means is that our new strategy is working effectively.
(이것이 의미하는 바는, 우리의 새로운 전략이 효과적으로 작동하고 있다는 것입니다.)

《3》 마무리 표현(Closing a Presentation)

◆ **To summarize ~**   (요약하자면~)

(예문) To summarize, we've achieved our targets and are ready for the next phase.
(요약하자면, 우리는 목표를 달성했고 다음 단계로 나아갈 준비가 되었습니다.)

◆ In conclusion ~   (결론적으로)

(예문) In conclusion, the project was successful and within budget.
   (결론적으로, 프로젝트는 성공적이었으며 예산 내에서 진행되었습니다.)

◆ That brings me to the end of my presentation.
   (이것으로 발표를 마치겠습니다.)

 (예문) That brings me to the end of my presentation. Thank you for
   listening.
   (이것으로 발표를 마치겠습니다. 들어주셔서 감사합니다.)

◆ I'd be happy to answer any questions.   (질문을 받겠습니다.)

 (예문) I'd be happy to answer any questions you may have.
   (궁금한 점이 있으시면 언제든지 질문해 주세요.)

PRJ
31

Are you done with the report?
(보고서 작성 다 했어?)

A: **Are you done with** the report?

B: Not yet⋯ I still have a few sections to go.

A: The deadline's coming up. Do you need help?

B: That would be great! I'm stuck on the conclusion part.

A: No problem. Let's look at it together after lunch.

B: Thanks! You're a lifesaver.

A: 보고서 작성 다 했어?

B: 아직⋯ 몇 부분이 더 남았어.

A: 마감이 다가오는데. 도와줄까?

B: 그럼 정말 좋지! 결론 부분에서 막혔어.

A: 문제 없어. 점심 먹고 같이 보자.

B: 고마워! 너 정말 내 구세주야.

B: 뭐가 됐든, 멋진 일로 이어지길 바랄게!

PRJ 32

Let me know when the results come out.
(결과 나오면 알려줘.)

A: **Let me know when** the results come out.

B: Sure, I'll send you a message as soon as I hear anything.

A: I'm really anxious about it.

B: I get it. Waiting is the hardest part.

A: Yeah, I just hope it goes well.

B: Fingers crossed. You've got this!

A: 결과 나오면 알려줘.

B: 물론이지. 소식 들으면 바로 메시지 보낼게.

A: 너무 걱정돼.

B: 이해해. 기다리는 게 제일 힘들지.

A: 응, 잘 되길 바라고 있어.

B: 행운을 빌어! 넌 충분히 잘해낼 거야.

PRJ 33 I'm sorry for not contacting you on time.
(제때 연락 못 해서 미안해요.)

A: **I'm sorry for not** contacting you on time.

B: No worries. I figured you were busy.

A: Yeah, things have been a bit hectic lately.

B: I get it. Life can get overwhelming sometimes.

A: Still, I should've messaged you earlier.

B: It's okay. I'm just glad we're talking now.

A: 제때 연락 못 해서 미안해요.

B: 괜찮아요. 바쁘셨을 거라고 생각했어요.

A: 네, 요즘 좀 정신이 없었어요.

B: 이해해요. 가끔 삶이 너무 버거울 때가 있죠.

A: 그래도 좀 더 일찍 연락했어야 했는데요.

B: 괜찮아요. 지금 이렇게 얘기하고 있어서 그게 더 좋아요.

It's too bad that I missed the concert.
(그 콘서트를 못 봐서 너무 아쉬워.)

A: **It's too bad that** I missed the concert.

B: Yeah, it was amazing! I wish you could've seen it.

A: I know... I've been looking forward to it for weeks.

B: What happened? Why couldn't you make it?

A: Something urgent came up at work. I couldn't get away.

B: That sucks. Hopefully there's a rerun or another chance soon.

A: 그 콘서트를 못 봐서 너무 아쉬워.

B: 그러게, 정말 멋졌어! 네가 봤으면 좋았을 텐데.

A: 그러니까… 몇 주 동안 그걸 정말 기대하고 있었거든.

B: 무슨 일이 있었어? 왜 못 간 거야?

A: 직장에서 급한 일이 생겨서 빠져나올 수가 없었어.

B: 안타깝다. 재공연이나 다시 볼 기회가 곧 생기면 좋겠다.

Look how much you ate!
(너 얼마나 많이 먹었는지 좀 봐!)

A: **Look how** much you ate!

B: I know… I couldn't help myself, everything was so good.

A: You basically tried every dish on the table.

B: Guilty as charged! But hey, no regrets.

A: You're going to need a nap after this feast.

B: Or a long walk… I feel like I swallowed a buffet.

A: 너 얼마나 많이 먹었는지 좀 봐!
B: 나도 알아… 너무 맛있어서 참을 수가 없었어.
A: 거의 테이블에 있는 모든 요리를 다 먹었잖아.
B: 딱 걸렸네! 하지만 후회는 없어.
A: 이 잔치 끝나고 낮잠 자야겠는걸.
B: 아니면 오래 걷기라도… 뷔페를 통째로 삼킨 기분이야.

Unit 08

퍼스널 브랜딩과 자기 PR

I 강점은 곧 경쟁력이다

II 성과 공유

III 영어 완전 정복! 프로젝트 60
   (PRJ 36 ~ 40)

성공적인 글로벌 비즈니스 영어

Ⅰ 강점은 곧 경쟁력이다 (Strength equals Competitiveness)

자신의 장점을 알리는 것은 단순한 자기소개를 넘어, 자신이 어떤 가치를 제공할 수 있는지를 입증하는 것입니다. '강점'은 업무 스타일, 인간관계, 기술 능력 등 다양한 분야에서 드러날 수 있어요.

《 1 》 자신의 강점 표현하기

표현	뜻
I'm particularly strong in ~	저는 특히 ~에 강점을 가지고 있습니다.
My key strength is ~	저의 핵심 강점은 ~입니다.
I excel at ~	저는 ~에 능숙합니다 / 뛰어납니다.
I have a talent for ~	저는 ~에 재능이 있습니다.
I have a proven track record in~	저는 ~분야에서 입증된 실적을 가지고 있습니다.

💬 예시 대화

A: What would you say are your main strengths?

B: I'm particularly strong in problem-solving and analytical thinking. I excel at breaking down complex issues into manageable components.

A: 당신의 주요 강점은 무엇이라고 생각하시나요?

B: 저는 특히 문제 해결과 분석적 사고에 강합니다. 복잡한 문제를 관리 가능한 요소들로 나누는 것을 잘합니다.

《2》구체적인 능력 설명하기

전문 기술 (Technical Skills)

표현	뜻
전문 기술(Technical Skills)	
I'm proficient in ~	숙련되어 있다.
I have expertise in ~	전문성을 갖고 있다.
I'm well-versed in ~	잘 알고 있다.

소프트 스킬 (Soft Skills)	
I'm an effective communicator	효과적인 소통자
I work well under pressure	압박감 하에서도 잘 일함
I'm a natural leader	타고난 리더
I'm detail-oriented	세심함

I'm proficient in data analysis and have expertise in Python programming. Additionally, I'm an effective communicator who works well in cross-functional teams.

(저는 데이터 분석에 숙련되어 있고 Python 프로그래밍에 전문성을 갖고 있습니다. 또한 다기능 팀에서 잘 일하는 효과적인 소통자입니다.)

《3》차별화 요소 강조하기

표현	뜻
What sets me apart is ~	• 저를 돋보이게 하는 것은 ~입니다. • 제가 다른 사람들과 차별화되는 점은 ~입니다.
My unique perspective comes from ~	• 저만의 독특한 관점은 ~에서 비롯됩니다. • 제 특별한 시각은 ~에서 나왔습니다.
"I bring a fresh approach to ~	• 저는 ~에 새로운 접근 방식을 제시합니다. • 저는 ~에 참신한 아이디어를 가지고 있습니다.

💬 실습 예문

What sets me apart is my combination of technical expertise and creative thinking. While many programmers focus solely on code efficiency, I also consider user experience and business impact.

(저를 차별화하는 것은 기술적 전문성과 창의적 사고의 결합입니다. 많은 프로그래머들이 코드 효율성에만 집중하는 반면, 저는 사용자 경험과 비즈니스 임팩트도 고려합니다.)

II 성과 공유(Sharing Your Achievements)

《1》성과 표현 어휘

표현	뜻
성공적인 결과 표현	
I successfully ~	성공적으로 ~했다.
I achieved ~	달성했다.
I delivered ~	전달/완수했다.
I exceeded ~	초과 달성했다.
I contributed to ~	~에 기여했다.

수치를 이용한 구체적 표현	
I increased sales by 25%	매출을 25% 증가시켰습니다.
I reduced processing time by 30%	처리 시간을 30% 단축시켰습니다.
I managed a team of 10 people	10명으로 구성된 팀을 관리했습니다.
I handled a budget of $50,000	· 5만 달러의 예산을 운영했습니다. · 5만 달러 규모의 예산을 담당했습니다.

《 2 》성과 공유 예시

✦ 프로젝트 성과

I successfully led a digital marketing campaign that increased our social media engagement by 40% over three months. By implementing data-driven strategies and A/B testing, I helped generate 150 new leads, which contributed to a 15% increase in quarterly revenue.

(저는 3개월 동안 소셜 미디어 참여도를 40% 증가시킨 디지털 마케팅 캠페인을 성공적으로 이끌었습니다. 데이터 기반 전략과 A/B 테스팅을 구현하여 150개의 신규 리드를 창출했고, 이는 분기 매출 15% 증가에 기여했습니다.)

✦ 문제 해결 성과

When our customer service response time was averaging 48 hours, I developed and implemented a new ticketing system. This reduced our average response time to 6 hours and improved customer satisfaction scores by 35%.

(고객 서비스 응답 시간이 평균 48시간이었을 때, 저는 새로운 티켓팅 시스템을 개발하고 구현했습니다. 이를 통해 평균 응답 시간을 6시간으로 단축하고 고객 만족도 점수를 35% 향상시켰습니다.)

퍼스널 브랜딩과 자기 PR은 현대 비즈니스 환경에서 필수적인 스킬이다. 자신의 장점을 명확하게 표현하고 성과를 구체적으로 공유하는 능력은 경력 발전의 핵심이다. 지속적인 연습을 통해 자연스럽고 효과적인 자기 표현 능력을 개발해야 한다.

기억!

자신감과 겸손함의 균형을 유지하며,
항상 구체적인 예시와 수치를 포함하여
설득력을 높여라!

Ⅲ 영어 완전 정복! 프로젝트 60

> **PRJ 36**
>
> **I thought you would** make it in the end.
> (난 네가 결국 해낼 줄 알았어.)

A: I can't believe it—I actually passed the final exam!

B: See? **I thought you would** make it in the end.

A: Honestly, I was so close to giving up.

B: But you didn't, and that's what matters.

A: Thanks for always believing in me.

B: Always. You've worked so hard—you deserve every bit of this.

A: 믿기지 않아—나 진짜 마지막 시험을 합격했어!
B: 봐? 난 네가 결국 해낼 줄 알았어.
A: 솔직히, 나 거의 포기할 뻔했어.
B: 하지만 넌 포기하지 않았잖아, 그게 중요한 거야.
A: 항상 나를 믿어줘서 고마워.
B: 언제나 그랬지. 너 정말 열심히 했고—이건 모두 네가 받을 자격이 있어.

PRJ 37   You're gonna have to decide now.
(이제 결정을 내려야 해.)

A: You've been thinking about this for weeks.

B: I know... I just don't want to make the wrong choice.

A: But not choosing is also a choice. **You're gonna have to decide now.**

B: You're right. I can't keep avoiding it.

A: Whatever you choose, I'll be here to support you.

B: Thank you. That means a lot.

A: 너 이걸 몇 주째 고민하고 있잖아.
B: 알아… 그냥 잘못된 선택을 할까봐 걱정돼.
A: 하지만 선택하지 않는 것도 하나의 선택이야. 이제 결정을 내려야 해.
B: 네 말이 맞아. 계속 피할 순 없지.
A: 어떤 선택을 하든, 난 항상 네 편이야.
B: 고마워. 그 말 정말 큰 힘이 돼.

How many times do I have to say the same thing?

(내가 몇 번이나 똑같은 말을 해야 돼?)

A: **How many times do I have to** say the same thing?

B: Uh··· at least one more time?

A: I'm serious, Jake. Clean up your mess!

B: Okay, okay. I'll do it now.

A: You always say that and never do it.

B: This time will be different—I swear!

A: 내가 몇 번이나 똑같은 말을 해야 돼?

B: 음··· 적어도 한 번은 더?

A: 나 진지하게 말하는 거야, 제이크. 네 어지른 거 좀 치워!

B: 알았어, 알았어. 지금 할게.

A: 너 항상 그렇게 말만 하고 안 하잖아.

B: 이번엔 다를 거야—진짜야!

B: 괜찮아요. 지금 이렇게 얘기하고 있어서 그게 더 좋아요.

Why don't we split this assignment between us?
(우리 이 과제 둘이서 나눠서 하는 게 어때?)

A: This assignment looks pretty intense.

B: Yeah, it's going to take ages if we do it alone.

A: **Why don't we** split this assignment between us?

B: That sounds smart. Which part do you want to handle?

A: I'll take the research part. You're great at organizing things.

B: Deal! Let's knock this out together.

A: 이 과제 꽤 벅차 보이는데.
B: 맞아, 우리 둘 중 하나가 혼자 하면 엄청 오래 걸릴 거야.
A: 우리 이 과제 둘이서 나눠서 하는 게 어때?
B: 좋은 생각이야. 넌 어느 부분 맡고 싶어?
A: 나는 조사 부분 맡을게. 너는 정리하는 거 잘하잖아.
B: 좋아! 같이 힘내서 끝내보자.

PRJ 40 · I'm sure you will do well in that task.
(넌 그 일을 분명히 잘 해낼 거야.)

A: Are you nervous about the presentation tomorrow?

B: A little bit ~. I've never spoken in front of so many people.

A: **I'm sure you will** do well in that task.

B: I hope so. What if I freeze up?

A: You won't. You've got this—I believe in you.

B: Thanks. That really helps me feel more confident.

A: 내일 발표 때문에 긴장돼?

B: 조금~. 이렇게 많은 사람들 앞에서 말해본 적이 없어서.

A: 넌 그 일을 분명히 잘 해낼 거야.

B: 그러길 바래. 혹시 얼어버리면 어떡하지?

A: 걱정 마. 넌 할 수 있어—난 널 믿어.

B: 고마워. 덕분에 자신감이 좀 생겼어.

Unit 09

이력서

성공적인 글로벌 비즈니스 영어

Ⅰ 이력서 기본 구성(Elements of a Resume)

《1》이력서를 작성하기 전에

다음의 표현들은 서로 비슷한 뜻을 가진 단어들이다.

- a personal history, a curriculum vitae(CV), a résumé
- a summary of your academic and work history

  (당신의 학력 및 경력 요약)

- CV(Curriculum vitae)는 라틴어로 "삶의 이력" 또는 "인생의 과정"이라는 뜻이다. 학력, 경력, 연구 활동, 수상 내역 등 전반적인 경력과 업적을 자세히 기록한 문서를 의미한다.

- 미국식 : Résumé, cf) 영국식 Curriculum Vitae[kəríkjuləm váitiː]
- 회화에서는 생략하여 C.V.라고 함
- Résumé가 일반적임

《2》이력서의 기본 구성(Resume Structure)

① Contact Information(연락처)

· 이름(Full Name)
· 전화번호(Phone Number)

- 이메일(Email)
- LinkedIn 링크 또는 포트폴리오 (선택사항)

💬 예시:

Sungin Jeong

+82 10-2345-6789

sunginjeong@email.com

② Professional Summary(전문 요약)
- 2~3문장으로 본인의 전문성, 경험, 강점을 요약
- 자신을 마케팅하는 소개문

💬 예시:

Detail-oriented HR professional with 6+ years of experience in recruitment and employee relations. Proven track record in streamlining onboarding processes and enhancing team performance.

세부 사항에 철저한 인사 전문가로, 채용 및 직원 관계 분야에서 6년 이상의 경력을 보유하고 있습니다. 온보딩 프로세스 최적화와 팀 성과 향상에 대한 입증된 성과를 보유하고 있습니다.

③ Work Experience(경력)

- ◆ 회사명 / 직책 / 근무기간
- ◆ 주요 업무 및 성과를 Bullet Point로 작성
- ◆ 각 문장은 동사로 시작하고, 가능하면 수치를 포함

💬 예시:

HR Manager | SmartTech Corp | Mar 2020 ~ Present.
(인사부 매니저 | SmartTech Corp | 2020년 3월 ~ 현재)

Implemented a new recruitment strategy, reducing hiring time by 25%
(신규 채용 전략을 도입하여 채용 소요 시간을 25% 단축함)

Led onboarding sessions for 200+ new employees, improving retention rate by 18%
(200명 이상의 신입 직원 온보딩 세션을 주도하여 직원 유지율을 18% 향상시킴)

④ Education(학력)

- ◆ 학교명 / 전공 / 졸업년도
- ◆ 필요 시 GPA 또는 주요 수강 과목 포함

💬 예시:

B.A. in English Literature (영문학 학사)

Korea University, Seoul | Graduated: 2019

(한국대학교(서울) | 2019년 졸업)

⑤ Skills(기술)

- ◆ 직무와 관련된 하드 스킬과 소프트 스킬
- ◆ 예: 컴퓨터 프로그래밍, AI 프롬프트엔지니어, 인공지능 전문가, 빅데이터 전문가, 커뮤니케이션 능력 등

💬 **예시:**

MS Excel, PowerPoint, Notion. (MS 엑셀, 파워포인트, 노션 사용 가능)

Bilingual: English and Chinese. (영어와 중국어 이중언어 구사 가능)

Strong interpersonal and negotiation skills. (뛰어난 대인 관계 및 협상 능력 보유)

Ⅱ 이력서 예시

《1》기능중심 이력서 (Functional Resume)

Mina Kim	
Sam-mi Apt. 5-202	
22, Cheongdam-dong, Kangnam-gu, Seoul 135-500	
02-556-5767/010-9015-5767	
mkim@humail.net	

Skills	Outstanding communication skill in Korean and English.
	Able to provide administrative support for staff.
	Well organized way of thinking
	Expertise in translation between Korean and English
	AI Prompt Skill
Education	Hanseong University, Seoul
	Bechelor of Laws, 2027(expected)
	Grade Point Average 3.7 on 4.3 scale

Work Experience

2026	Interned at ABC Law Firm
2025	Seoul Commercial Bank
	worked in Credit Card department as a temporary employee
2024	Tutored a high school student in English
	Volunteer at Seoul Festival
	interpreted English into Korean and vice versa.

Personal Background

Grew up in Seoul, Korea.
Traveled to many countries including China, Japan,
Vietnam, America, France, Italy, Switzerland and Germany.

References	Available upon request

110

김미나

서울 강남구 청담동 22
삼미 아파트 5동 202 우) 135-500
02-556-5767 / 010-3011-5757
mkim@hanmail.net

기능   한국어와 영어로 탁월한 의사소통 기능
                         직원들에게 행정적 지원 가능
                         조직적인 생각
                         한국어와 영어 통역 전문
                         AI 프롬프트 스킬

학력   한성대학교, 서울
                         법학사, 2027년 졸업예정
                         학점(GPA) 평점 3.7(4.3만점)

경력
2026   ABC로펌에서 인턴
2025   서울 상업은행
                              신용카드부서에 임시직으로 일함
2024   고등학생 영어과외
                         서울페스티벌에서 자원봉사자
                              영어에서 한국어, 한국어에서 영어로 통역
개인정보   한국, 서울에서 성장
                         중국, 일본, 베트남, 미국, 프랑스, 이태리, 스위스, 독일
                         을 포함해서 많은 나라로 여행

조회처   요청시 제출가능

《2》연대기적 이력서 (Chronological Resume)

	Mina Kim
	145 Dongyangdaero, Poonggi, Youngju, Gyeongbuk, Korea
	054-630-1114/010-9015-5767
	mkim@humail.net
Education	B.A. degree in Chinese,
	Dongyang University, Poonggi, 2026
	Yanbian University
	studied Chinese courses for a year as an exchange student, 2022
Work Experience	Chinese Instructor
2025-present	BK Chinese Institution, Seoul
	teaches six classes of all levels
2024	Chinese Department Assistant
	worked 5 hours a day
2023	Chinese Restaurant Server
	worked on weekends as a part-time waitress
	Volunteer at Seoul Festival
	interpreted Chinese into Korean and vice versa
Skills	Fluent in Chinese as well as in Korean.
	Have a Tour Guide License issued by KTC
Personal	Grew up in Seoul, Korea.
Background	Studied in China for a year.
	Traveled to many countries including China, Japan, Vietnam, America, France, Italy, Switzerland and Germany.
References	Available upon request

김미나

경북 영주시 풍기읍 동양대로 145
054-630-1114 / 010-9015-5757
mkim@hanmail.net

학력   중국어과 학사
동양대학교, 풍기, 2026

학력

연변대학교
교환학생으로 1년간 중국어 과목 수학, 2022

근무경력
2025-현재   중국어 강사
BK 중국어 교육기관, 서울
초급~고급까지 모든 수준의 6개 수업을 가르침.

2024   중국어과 조교
하루 5시간 근무
2023   중국음식점 종업원
시간제 종업원으로 주말근무
서울페스티벌에서 자원봉사
중국어를 한국어로, 한국어를 중국어로 통역

기능   한국어와 중국어 능통
KTC 주관의 관광가이드 면허증 취득

개인정보   한국, 서울에서 성장
중국에서 1년간 공부
중국, 베트남, 미국, 프랑스, 이태리, 스위스, 독일 여행
조회처   요청시 제출가능

✍ 실전 팁

- ◆ 간결하게: 전체 이력서는 보통 1~2쪽이 적당
- ◆ 문법 체크 필수: 시제(과거/현재) 일치에 주의
- ◆ 가독성: 항목은 일관되게 정렬하고 불릿 포인트 사용
- ◆ 성과 수치화: 가능하면 %, 숫자, 시간 등을 활용해 구체화

영문 이력서는 단순히 경력을 나열하는 것이 아니라, 자신의 가치와 성과를 명확하게 보여주는 마케팅 도구이다. 성과 중심의 작성법을 통해 경쟁력 있는 이력서를 만들고, 지속적인 업데이트와 개선을 통해 커리어 발전의 기초를 다지는 것이 필요하다.

PRJ 41

I have trouble speaking in front of people.
(난 사람들 앞에서 말하는 게 힘들어.)

A: How's the presentation going?

B: I've practiced a lot, but I'm still nervous.

A: You'll do fine. Just imagine you're talking to friends.

B: Easier said than done. **I have trouble speaking** in front of people.

A: I used to be like that too. Deep breaths help me calm down.
B: I'll try that. Thanks for the tip.

A: 발표는 어떻게 돼가고 있어?

B: 많이 연습했는데, 그래도 아직 긴장돼.

A: 잘할 거야. 친구들이랑 얘기한다고 상상해 봐.

B: 말처럼 쉽지 않아. 난 사람들 앞에서 말하는 게 힘들어.

A: 나도 예전엔 그랬어. 심호흡이 마음을 진정시키는 데 도움이 됐어.

B: 그 방법 써볼게. 조언 고마워!

Do you have to decide this right now?
(지금 바로 결정해야 하는 거야?)

A: Have you made a decision about which university to attend?

B: Not yet. I'm stuck between two options.

A: What's making it hard to choose?

B: One is close to home, and the other has the program I really want.

A: That's a tough call. **Do you have to** decide this right now? B: I think so. The deadline is tomorrow.

A: 어느 대학 갈지 결정했어?
B: 아직이야. 두 군데 사이에서 고민 중이야.
A: 뭐가 선택을 어렵게 만들어?
B: 하나는 집에서 가깝고, 다른 하나는 내가 정말 원하는 전공이 있어.
A: 어려운 결정이네. 지금 바로 결정해야 하는 거야?
B: 그런 것 같아. 마감이 내일이거든.

Let me get this one.
(이번엔 내가 낼게.)

A: That was such a great meal.

B: Yeah, everything was delicious.

A: Okay, time to pay. Let's split the bill.

B: No need! **Let me** get this one.

A: Are you sure? You paid last time too.

B: It's fine. I just wanted to treat you today.

A: 정말 맛있는 식사였어.

B: 응, 모든 게 정말 맛있었어.

A: 자, 이제 계산하자. 우리 나눠서 내자.

B: 괜찮아! 이번엔 내가 낼게.

A: 진짜 괜찮아? 지난번에도 네가 냈잖아.

B: 괜찮아. 오늘은 내가 너를 대접하고 싶었어.

PRJ 44 **It's not a good idea to** quit your job suddenly.
(직장을 갑자기 그만두는 건 좋은 생각이 아니야.)

A: I'm seriously thinking about quitting my job.

B: Wait, are you planning to just leave without notice?

A: Yeah. I'm so stressed out, I can't take it anymore.

B: I get that, but **it's not a good idea to** quit your job suddenly.

A: What else can I do? I feel stuck.

B: Maybe talk to your manager first or explore other options.
Burning bridges won't help.

A: 나 진지하게 회사 그만둘 생각이야.

B: 잠깐만, 갑자기 통보도 없이 나갈 거야?

A: 응. 스트레스를 너무 받아서 더는 못 견디겠어.

B: 그 마음은 이해하지만, 직장을 갑자기 그만두는 건 좋은 생각이 아니야.

A: 그럼 어떻게 해야 하지? 나 완전히 막막해.

B: 우선 매니저랑 먼저 이야기해보거나 다른 방법들을 찾아봐. 인연을 끊는다고 해결되는 건 아니야.

PRJ 45 — I don't really care if it succeeds or fails.
(성공하든 실패하든 별로 신경 안 써.)

A: Did you hear back about the pitch you gave last week?

B: Not yet, but honestly, **I don't really care if** it succeeds or fails.

A: Really? You worked hard on it though.

B: Yeah, but I've learned not to get too attached to outcomes. A: That's a cool mindset.

B: Thanks. I just focus on doing my best and leave the rest.

※ hear back   (누군가에게 연락했거나 제안한 후에) 답변을 받다
※ pitch   (제품이나 서비스를 판매하기 위해) 제안, 발표

A: 지난주에 발표한 제안서 답변 받았어?
B: 아직 못 받았어. 근데 솔직히, 성공하든 실패하든 별로 신경 안 써.
A: 정말? 너 그거 엄청 열심히 준비했잖아.
B: 응, 하지만 결과에 너무 집착하지 않는 법을 배웠어.
A: 멋진 생각이다.
B: 고마워. 그냥 최선을 다하고 나머진 내려놔.

비즈니스 Small Talk

① 출근/인사
- How was your weekend?
- Did you get a chance to rest yesterday?
- Traffic was pretty heavy this morning, wasn't it?

② 날씨
- The weather is so nice today.
- Looks like it's going to rain later.
- Can you believe how hot it is this week?

③ 업무 시작 전
- How's your project going?
- Are you busy these days?
- I heard you're working on the new campaign. How's it going?

④ 회의/출장 관련
- Have you traveled anywhere for work recently?
- Did you attend the last conference?
- How was your trip to Singapore?

⑤ 가벼운 대화 마무리
- Anyway, I won't keep you.
- Let's catch up again soon.
- I'll see you at the meeting.

커버레터

성공적인 글로벌 비즈니스 영어

Ⅰ Cover Letter 작성법

《 1 》 Cover Letter란

Cover Letter는 영문 이력서(Resume)에 첨부되는 편지로, 지원 동기, 자격 요건 부합 여부, 연락 가능성 등을 간결하고 명확하게 전달하는 데 목적이 있다. 잘 쓴 커버레터는 면접 기회를 얻는 데 중요한 역할을 한다.

- ◆ 길이: 보통 1페이지
- ◆ 형식: 편지 형식 (수신인 명시, 서명 포함)
- ◆ 목적: 자신을 효과적으로 '판매'하는 글쓰기

《 2 》 커버레터 구성 요소(Layout)

항목	내용
① 작성자 주소	상단
② 날짜	주소하단
③ 수신자 정보	회사명, 담당자, 주소
④ 인사말 (Salutation)	Dear Mr./Ms. + 성
⑤ 본문 Body	지원 동기, 자기소개, 능력, 희망 일정 등
⑥ 맺음말 (Closing)	Sincerely yours, 등
⑦~⑧ 서명 및 이름	서명 후 이름 기재
⑨ 첨부 문서 명시	Enclosure: Resume 등

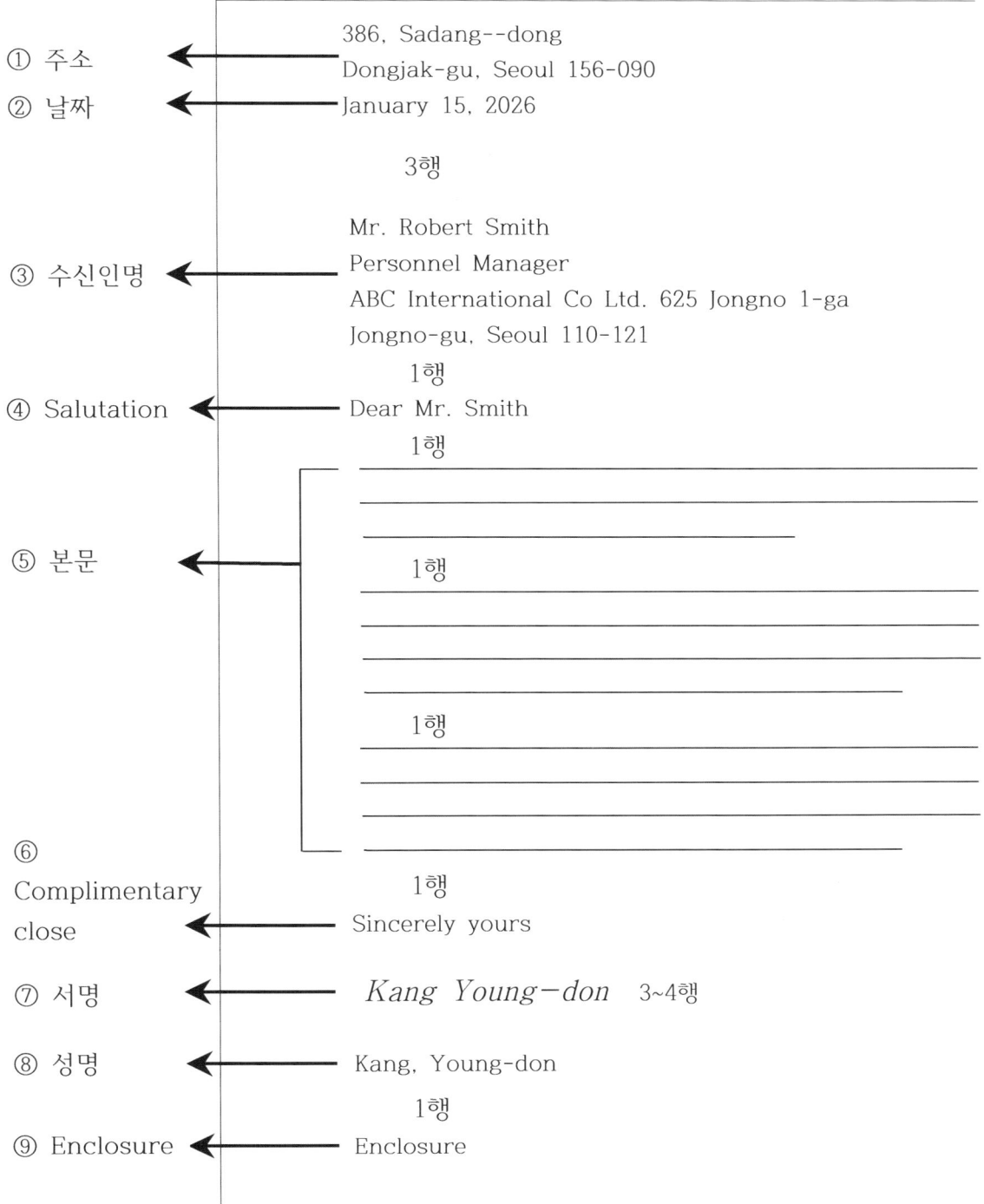

① 주소 ← 386, Sadang--dong
Dongjak-gu, Seoul 156-090

② 날짜 ← January 15, 2026

3행

③ 수신인명 ← Mr. Robert Smith
Personnel Manager
ABC International Co Ltd. 625 Jongno 1-ga
Jongno-gu, Seoul 110-121

1행

④ Salutation ← Dear Mr. Smith

1행

⑤ 본문 ←

1행

1행

⑥ Complimentary close ← Sincerely yours

1행

⑦ 서명 ← *Kang Young-don* 3~4행

⑧ 성명 ← Kang, Young-don

1행

⑨ Enclosure ← Enclosure

《3》 커버레터 본문 구성

본문은 일반적으로 3단 구성을 따른다.

① 도입부(Introduction): 지원 동기 및 정보 출처

I am applying for the position of Marketing Intern, as advertised in the Korea Herald on March 10th.

(저는 3월 10일자 Korea Herald에 게재된 마케팅 인턴직에 지원합니다.)

💬 Useful Expressions

◆ **I am applying for** ~(저는 ~에 지원하고자 합니다.)

  (예) I am applying for the position of Sales Associate.

    (저는 영업 판매원에 지원하고자 합니다.)

◆ **In response to your advertisement in** ~

  (~에 게재된 귀사의 공고를 보고 연락드립니다.)

  (예) In response to your advertisement in the Korea Times...

    (코리아타임즈에 게재된 귀사의 채용 공고를 보고 연락드립니다.)

◆ **At the suggestion of** ~   (~의 추천(권유)에 따라)

  (예) At the suggestion of Professor Kim, I am contacting you regarding.

    (김 교수님의 추천으로 연락드립니다.)

② 중간부(Body): 자기소개 + 자격 강조

Having graduated from Korea University with a degree in English, I have acquired strong communication skills and earned a guide license. I also participated in several international programs, which broadened my cultural understanding.

저는 한국대학교에서 영어학 학위를 취득하였으며, 이를 통해 뛰어난 의사소통 능력을 갖추고 가이드 자격증도 취득했습니다. 또한 여러 국제 프로그램에 참가하면서 문화적 이해의 폭을 넓혔습니다.

💬 Useful Expressions

◆ I am confident that ~
  (저는 ~을 자신 있게 말씀드릴 수 있습니다. / ~라고 확신합니다.)

  (예) I am confident that I can contribute to your organization.
      (귀사에 기여할 수 있다고 확신합니다.)

◆ I believe my qualifications match your requirements.
  (저의 자격 요건이 귀사의 요구 사항과 부합한다고 생각합니다.)

◆ My former supervisor commended me for my ability to work in a team.
  저의 이전 상사께서는 저의 팀워크 능력을 높이 평가해주셨습니다.
  (또는) 이전 직장에서 팀 내 협업 능력으로 상사에게 칭찬을 받았습니다.

③ 결론부(Conclusion): 면접 희망 + 연락처

I would appreciate the opportunity for an interview. I am available on weekdays after 2 PM, and you can reach me at 010-1234-5678.

(면접 기회를 주신다면 감사하겠습니다. 평일 오후 2시 이후에는 시간이 가능하며, 제 연락처는 010-1234-5678입니다.)

💬 Useful Expressions

• I am available for an appointment at your convenience.
귀하가 편하신 시간에 면접 일정을 맞출 수 있습니다.
(또는) 편하신 일정에 맞춰 미팅 가능합니다.

• I look forward to hearing from you soon.
곧 연락을 기다리겠습니다.
(또는) 곧 좋은 소식을 기다리고 있겠습니다.

• I can be reached at ~
저는 ~로 연락하실 수 있습니다."

(예) I can be reached at 010-1234-5678.
(010-1234-5678로 연락주시면 됩니다.)

《 4 》 커버레터 예문

[예시: IBM 연수생 지원]

Dear Mr. Kim,

I saw your company's advertisement for the trainee program in the Korea Times. An alumna of my school participated last year and spoke highly of the experience. I understand that IBM holds about 70% of the global market share and provides equal opportunities for women, which is very inspiring.

I will graduate this February from Dongyang University and studied in the U.S. for one year. I believe my English skills and international experience are well-suited to your company's global vision.

Please find my resume enclosed. I hope for an opportunity to discuss my qualifications further. I am available Monday, Wednesday, and Friday after 2 PM.

Sincerely,
Hong Su-ji

김 부장님께,

귀사의 연수생 프로그램에 관한 광고를 Korea Times에서 보았습니다. 저희 학교 졸업생 한 분이 작년에 해당 프로그램에 참여했는데, 매우 긍정적인 평가를 해주었습니다. 귀사가 전 세계 시장의 약 70%를 점유하고 있으며, 여성에게도 평등한 기회를 제공한다는 점은 매우 인상 깊습니다.

저는 이번 2월에 동양대학교를 졸업할 예정이며, 미국에서 1년 동안 유학한 경험이 있습니다. 제 영어 실력과 국제적인 경험은 귀사의 글로벌 비전에 잘 부합한다고 생각합니다.

이력서를 동봉하오니 검토 부탁드립니다. 제 자격 요건에 대해 더 자세히 말씀드릴 수 있는 면접의 기회를 얻기를 바랍니다. 저는 월요일, 수요일, 금요일 오후 2시 이후에는 시간이 가능합니다.

감사합니다. 홍수지 드림

Ⅱ 커버레터 작성에 유용한 표현

《1》 Work Experience 경력을 나타내는 표현들

I am applying for ~	~직에 응모합니다.
In response to your advertisement in ~	~에 실린 광고를 보고
At the suggestion of Dr. Kim	김박사의 소개를 받고
Please accept this letter and the attached resume	이 편지와 동봉한 이력서를 받아 주시기 바랍니다.

《2》 자신의 능력을 나타내는 표현들

I am condident that ~	~ 확신합니다.
This is the kind of job h have been waiting for	제가 기다려오던 직업입니다.
I would be excited to work in your department	귀하의 부서에서 일하게 된다면 저로서는 감격할 것입니다.
My former boss recommended that I ~	이전 직장 상사는 ~라고 추천해 주셨습니다.
My former supervisor commended me for my excellent ability	이전 직장 상사는 제 탁월한 능력을 칭찬해주셨습니다.

《3》연락방법

I can be reached at ~	~로 전화하면 연락이 가능합니다.
Please contact me at 666-3333 between 5p.m. and 9p.m.	오후 5시에서 9시 사이에 666-3333으로 연락해 주십시오.
I am looking forward to hearing from you soon	귀하로부터 조속한 연락을 기다리겠습니다.
I am available for an appointment at your convenience.	귀하가 편리하신 때에 약속을 잡아주십시오.

III 영어 완전 정복! 프로젝트 60

**PRJ 46** **It looks like** you're in a good mood today.
(너 오늘 기분 좋아 보이네.)

A: **It looks like** you're in a good mood today.

B: I am! I got some good news this morning.

A: Oh, tell me! What happened?

B: I got accepted into the program I applied for!

A: That's amazing! I knew you could do it.

B: Thanks! I've been smiling all day.

A: 너 오늘 기분 좋아 보이네.
B: 응! 오늘 아침에 좋은 소식을 들었거든.
A: 오, 말해봐! 무슨 일이야?
B: 내가 지원했던 프로그램에 합격했어!
A: 대박! 넌 해낼 줄 알았어.
B: 고마워! 하루 종일 웃고 있었어.

I'm supposed to go to a class reunion today.
(오늘 동창회에 가기로 되어 있어.)

A: Hey, do you have any plans for tonight?

B: Actually, **I'm supposed to** go to a class reunion today.

A: Oh, that sounds fun! Are you excited?

B: A little nervous, but mostly excited to see everyone again.

A: I bet! It must be nice to catch up with old friends.

B: Definitely. I haven't seen some of them in years!

A: 오늘 밤에 계획 있어?
B: 사실, 오늘 동창회에 가기로 되어 있어.
A: 오, 재미있겠다! 기대돼?
B: 조금 긴장되지만, 대부분은 친구들을 다시 보게 돼서 기대돼.
A: 그럴 것 같아! 옛 친구들과 이야기 나누면 좋잖아.
B: 맞아. 몇몇은 정말 오랜만에 보게 되는 거야!

PRJ 48   It's going to be a huge challenge for me.
(그건 나한텐 큰 도전이 될 거야.)

A: Are you ready for your move to New York next month?

B: I'm excited, but **it's going to be** a huge challenge for me.

A: I bet. It's a whole new culture and pace of life.

B: Exactly. I've never lived outside Korea before.

A: It might be tough at first, but you'll learn a lot.

B: I hope so. I want to grow through the experience.

A: 다음 달 뉴욕으로 이사 갈 준비는 됐어?

B: 기대되긴 해. 하지만 그건 나한텐 큰 도전이 될 거야.

A: 그럴 것 같아. 완전히 다른 문화와 삶의 속도니까.

B: 맞아. 한국 밖에서 살아본 적이 없어.

A: 처음엔 힘들 수 있지만, 많은 걸 배우게 될 거야.

B: 나도 그래야 할 것 같아. 이번 경험을 통해 성장하고 싶어.

PRJ 49 **I can't help feeling** anxious before presentations.
(발표 전에 긴장되는 건 어쩔 수 없어.)

A: Your presentation is coming up. Are you nervous?

B: Honestly, **I can't help feeling** anxious before presentations.

A: I get it. It happens to everyone.

B: I just want to do well and not mess it up.

A: You've prepared a lot. That will show.

B: I hope so. I just need to take a deep breath and go for it.

A: 발표가 곧 있잖아. 긴장돼?
B: 솔직히, 발표 전에 긴장되는 건 어쩔 수 없어.
A: 이해해. 누구나 그래.
B: 그냥 잘하고 싶고, 실수 안 하고 싶어.
A: 너 열심히 준비했잖아. 그게 드러날 거야.
B: 그러길 바라. 그냥 심호흡하고 해볼게.

134

This is the first time I've tried this food.
(이 음식을 먹어 보는 건 이번이 처음이에요.)

A: Do you like the dish?

B: **This is the first time I've tried** this food.

A: Really? You've never had Thai curry before?

B: Nope. I wasn't sure at first, but it's surprisingly good.

A: I'm glad! It's one of my favorites.

B: I can see why. It's full of flavor!

A: 이 음식 마음에 들어?

B: 이 음식을 먹어 보는 건 이번이 처음이에요.

A: 정말? 태국식 커리를 한 번도 안 먹어봤어?

B: 응. 처음엔 망설였는데, 예상보다 정말 맛있네.

A: 다행이다! 내가 제일 좋아하는 음식 중 하나야.

B: 왜 좋아하는지 알겠어. 정말 맛이 풍부하네!

비즈니스 핵심 용어 정리

표현	뜻
Meeting minutes	회의록
Proposal	제안서
Revenue	수익
Profit margin	이익률
Negotiation	협상
Client / Customer	고객
Colleague	동료
Supervisor / Manager	상사, 관리자
Partnership	협력 관계
Feedback	피드백, 의견
Conference call	전화/화상 회의
Quarterly report	분기 보고서
Networking	인맥 관리

취업 면접

성공적인 글로벌 비즈니스 영어

I 취업 면접 영어 완전 정복

《1》 목표·비전 관련 질문

◆ What are your career goals after joining the company?
(입사 후 포부는 무엇인가요?)

◆ What is your ultimate goal in life?
(인생의 최종 목표는 무엇인가요?)

◆ Why is work important to you?
(일이 당신에게 중요한 이유는?)

💬 예시 표현

◆ Where do you see yourself in five years?
(5년 후 자신의 모습은 어떤 모습일 것 같습니까?)

◆ What motivates you to work?
(일을 하게 만드는 동기는 무엇입니까?)

《2》 조직 적응력 관련 질문

◆ How would you respond if you disagreed with your supervisor?
(상사와 의견이 다를 경우 어떻게 하시겠어요?)

- Have you ever worked with someone difficult? How did you manage it?
  (어려운 사람과 협업한 경험이 있나요?)

- What do you think is the most important aspect of teamwork?
  (팀워크에서 가장 중요하게 생각하는 것은?)

💬 예시 표현

- How do you deal with disagreement in a team?
  (팀 내에서 의견 충돌이 있을 때 어떻게 대처합니까?)

- Describe a time you overcame interpersonal conflict.
  (대인 갈등을 극복했던 경험을 말해 주세요.)

《3》가치관 및 관심사

- Who is the person you respect the most and why?
  (가장 존경하는 인물은 누구인가요?)

- Which do you value more: public interest or personal gain?
  (공익 vs 사익 중 무엇을 더 중시하나요?)

- What would you do if you encountered bribery or under-the-table deals
  at work?
  (로비나 뒷거래가 있을 경우 어떻게 할 것인가요?)

💬 예시 표현

- Who do you admire and why?

  (존경하는 인물은 누구이며, 그 이유는 무엇인가요?)

- How would you handle an unethical situation at work?

  (직장에서 비윤리적인 상황에 직면했을 때 어떻게 하시겠습니까?)

《4》 창의력·순발력 평가 질문

- Name five alternative uses for a red brick other than construction.

  (빨간 벽돌을 건축 외에 사용할 수 있는 5가지 용도는?)

- What would you do if you suddenly received 1 billion won (around $1 million)?

  (10억이 생기면 무엇을 하시겠어요?)

- Estimate the daily revenue of a typical Chinese restaurant.

  (중국집의 하루 매출을 추정해보세요).

💬 예시 표현

- Estimate how many coffee shops are in Seoul.

  (서울 시내에 커피숍이 몇 개나 있을지 추정해 보세요.)

- If you were given $10 million, how would you use it?

  (1,000만 달러를 받는다면 그것을 어떻게 사용하시겠습니까?)

《5》 압박 질문

◆ Have you applied to other companies as well?

(다른 회사에도 지원했나요?)

◆ Why do you think your qualifications are not as strong?

(왜 스펙이 낮다고 생각하나요?)

◆ If you were not selected, what do you think the reason would be?

(떨어진다면 이유가 뭘까요?)

💬 예시 표현

◆ What would you do if you don't get this job?

(이 일자리에 떨어진다면 무엇을 하시겠습니까?)

◆ Why should we choose you over other candidates?

(우리가 다른 지원자들보다 당신을 선택해야 하는 이유는 무엇인가요?)

《6》기업·직무 관련 질문

◆ Why did you apply for this position?

(이 직무에 지원한 이유는?)

◆ Can you discuss a recent issue or news related to our company?

(우리 회사의 최근 이슈를 말해보세요.)

◆ What would you do if you are assigned to a different department?

(지원한 부서에 배정되지 않으면 어떻게 하시겠습니까?)

- What do you know about our company?

  (우리 회사에 대해 알고 있는 것을 말해보세요.)

- Why are you a good fit for this role?

  (이 직무에 적합하다고 생각하는 이유는 무엇입니까?)

《7》대외활동 · 성격 · 자기소개

- **What are your strengths?**

  (본인의 강점은 무엇인가요?)

- **Can you explain why your GPA is relatively low?**

  (학점이 낮은 이유는?)

- **If you could describe yourself as a color, what would it be and why?**

  (자신을 색깔로 표현한다면?)

💬 예시 표현

- **How would you describe yourself in one word?**

(한 단어로 자신을 표현한다면 무엇인가요?)

- **Tell us about your biggest failure and what you learned.**

(가장 큰 실패 경험과 그로부터 배운 점을 말씀해 주세요.)

Ⅱ 잡 인터뷰(Job Interview) 연습

(Q1) How would you describe yourself? What are your strengths? What are your weaknesses?

(자기소개를 해보세요. 당신의 강점과 약점은 무엇인가요?)

(Q2) What special skills do you have?

(당신이 가진 특별한 기술은 무엇인가요?)

(Q3) Did you have any part-time job before?

(파트타임(아르바이트) 경험이 있나요?)

(Q4) What do you do in your free time?

(여가 시간엔 무엇을 하시나요?)

(Q5) What are your favorite books and movies?

(좋아하는 책과 영화는 무엇인가요?)

(Q6) What would you do if you won the lottery?

(복권에 당첨된다면 무엇을 하시겠어요?)

(Q7) Why do you want this job? Why should we hire you? Why are you
the best person for the job?

(이 일에 지원한 이유는 무엇인가요? 왜 저희가 당신을 뽑아야 하나요? 당신이
가장 적합한 인물인가요?)

(Q8) What's the most important thing in your life?

(당신 인생에서 가장 중요한 것은 무엇인가요?)

Ⅲ 영어 완전 정복! 프로젝트 60

 **PRJ 51**

Just because someone has a lot of money **doesn't mean** they're happy.
(누군가 돈이 많다고 해서 꼭 행복한 건 아니야.)

A: I saw Jake's new mansion yesterday. It's huge! He must be so happy.

B: **Just because** someone has a lot of money **doesn't mean** they're happy.

A: True. I guess money makes life easier, but not necessarily better.

B: Exactly. You can have all the money in the world and still feel empty inside.

A: So real happiness comes from things like love and connecting with others, right?

B: That's what I believe. Those are the things money can't buy.

A: 어제 제이크의 새 대저택을 봤어. 엄청 크더라! 진짜 행복할 것 같아.
B: 누군가 돈이 많다고 해서 꼭 행복한 건 아니야.
A: 맞아. 돈이 있으면 삶이 더 편해지긴 하지만, 꼭 더 좋아지는 건 아니잖아.
B: 그렇지. 세상 모든 돈을 가져도 마음이 허전할 수 있어.
A: 그러면 진짜 행복은 사랑이나 사람들과의 연결 같은 데서 오는 거네, 그렇지?
B: 나는 그렇게 생각해. 그런 건 돈으로 살 수 없는 것들이니까.

I'd give you 95 out of 100!
(100점 만점에 95점 줄 거야!)

A: How did your interview go?

B: Pretty well! I think I nailed most of the questions.

A: That's great to hear! Did you feel confident?

B: Mostly, yeah. Just got a bit nervous in the beginning.

A: Happens to everyone. Still sounds like you did a great job.

B: I did great in the interview. If I were the judge, **I'd give** 95 **out of 100**!

※ "I nailed" 또는 "Nailed it"은 "나는 성공했어", "나는 완벽하게 해냈어" 라는 뜻으로, 무언가를 완벽하게 수행했거나 목표를 정확히 달성했을 때 사용하는 구어적인 표현

A: 면접 어떻게 봤어?

B: 꽤 잘 본 것 같아! 대부분의 질문을 잘 대답했어.

A: 그 말 들으니까 기쁘네! 자신감 있었어?

B: 거의 있었지. 처음엔 좀 긴장했지만.

A: 누구나 그러는 거야. 그래도 잘한 것 같아.

B: 면접 정말 잘 봤어. 내가 심사위원이라면 100점 만점에 95점 줄 거야!

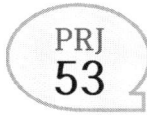

PRJ 53

It would be great if I could get into that company.
(내가 그 회사에 들어갈 수 있다면 정말 좋을 텐데.)

A: I just applied for that company we talked about yesterday.

B: Oh, that one? That's a great opportunity.

A: **It would be great if** I could get into that company.

B: Fingers crossed for you! You really deserve it.

A: Thanks. I've been dreaming of working there for years.

B: Then I hope your dream finally comes true!

A: 어제 우리가 얘기했던 그 회사에 방금 지원했어.

B: 아, 거기 말하는 거야? 진짜 좋은 기회네.

A: 내가 그 회사에 들어갈 수 있다면 정말 좋을 텐데.

B: 잘 되길 바랄게! 너 정말 그럴 자격 있어.

A: 고마워. 몇 년 동안 그 회사에서 일하는 걸 꿈꿔왔어.

B: 그럼 네 꿈이 꼭 이루어지길 바라!

PRJ 54

Do you want me to give you a ride tomorrow morning?
(내가 내일 아침에 데려다 줄까?)

A: **Do you want me to** give you a ride tomorrow morning?

B: Actually, yes. I was wondering how I'd get to the station.

A: I can take you there. It's no trouble at all.

B: Really? That would help a lot. Thanks!

A: No problem. What time should I pick you up?

B: Around 7:30 works perfectly. I really appreciate it!

A: 내가 내일 아침에 데려다 줄까?
B: 사실 그래. 어떻게 역까지 갈지 고민하고 있었어.
A: 내가 데려다줄게. 전혀 문제 없어.
B: 정말? 그럼 정말 도움이 돼. 고마워!
A: 괜찮아. 몇 시에 데리러 갈까?
B: 7시 30분쯤이면 딱 좋아. 정말 고마워!

This is the best gift ever.
(이건 내 생애 최고의 선물이야.)

A: Happy birthday! Open your gift!

B: Oh wow… I can't believe this!

A: Do you like it? I wasn't sure if it was your style.

B: **This is the best gift ever.**

A: I'm so glad! You deserve something special.

B: Thank you so much. I'll treasure it forever.

A: 생일 축하해! 선물 열어봐!

B: 와… 믿기지가 않아!

A: 마음에 들어? 네 스타일인지 걱정됐어.

B: 이건 내 생애 최고의 선물이야.

A: 정말 기뻐! 넌 특별한 걸 받을 자격이 있어.

B: 정말 고마워. 평생 간직할게.

비즈니스 자기계발 명언집

The best way to predict the future is to create it.
(미래를 예측하는 가장 좋은 방법은 그것을 창조하는 것이다.) - 피터 드러커

Opportunities don't happen. You create them.
(기회는 저절로 오는 것이 아니다. 스스로 만들어내는 것이다.) - 크리스 그로서

Alone we can do so little; together we can do so much.
(혼자서는 할 수 있는 일이 적지만, 함께라면 많은 것을 이룰 수 있다.) - 헬렌 켈러

Your time is limited, so don't waste it living someone else's life.
(당신의 시간은 한정되어 있다. 그러니 다른 사람의 삶을 사느라 낭비하지 말라.) - 스티브 잡스

In the middle of every difficulty lies opportunity.
(모든 어려움의 한가운데에는 기회가 숨어 있다.) - 알베르트 아인슈타인

It always seems impossible until it's done.
(언제나 불가능해 보이지만, 끝내고 나면 가능했던 것이다.) - 넬슨 만델라

Don't watch the clock; do what it does. Keep going.
(시계를 바라보지 말라. 시계처럼 계속 나아가라.) - 샘 레븐슨

Unit

12

구인 광고

I 구인 광고의 기본 구성

II 구인 광고 관련 표현

III 영어 완전 정복! 프로젝트 60
    (PRJ 56 ~ 60)

성공적인 글로벌 비즈니스 영어

151

I 구인광고의 기본 구성

《1》 광고 제목(Job Title/Headline)

◆ 예시

· English Teachers Required.　(영어 교사 모집)

· Outstanding Career Opportunity in Costume Design
(의상 디자인 분야에서 뛰어난 경력 기회 제공)

《2》 회사 소개(Company Description)

◆ 회사의 위치, 규모, 철학 등을 간단히 소개

◆ 예시

  Greene Education is looking for several new English teachers to join our academy in New Delhi, India.

(Greene Education은 인도 뉴델리에 위치한 저희 학원에서 근무할 신규 영어 강사들을 모집하고 있습니다.)

《3》 업무 내용 및 장점(Job Details & Benefits)

◆ 직무의 주요 역할과 근무 조건, 복지 등

◆ 예시

· We offer high salaries, career advancement, and flexible schedules.
(저희는 높은 급여, 경력 개발 기회, 그리고 유연한 근무 일정을 제공합니다.)

· The successful candidate will have a three-month trial period before full-time employment is offered.

(채용된 지원자는 정규직 전환 전 3개월의 수습 기간을 가지게 됩니다.)

《4》 지원 요건(Requirements & Qualifications)

◆ 학력, 경력, 언어 능력, 자격증 등 명시
◆ 예시

· Applicants must be completely bilingual.

(지원자는 완전히 이중언어 사용자이어야 합니다.)

· A university graduate is preferred. (대학 졸업자가 선호됩니다.)

· Experience in recreating period garments will distinguish a candidate from others.

(시대 의상을 재현해 본 경험은 다른 지원자와 차별화되는 중요한 요소입니다.)

《5》 지원 방법(How to Apply)

◆ 제출 서류: 이력서, 자기소개서, 추천서, 자격증 등
◆ 마감일 및 접수처 정보 포함
◆ 예시

· Send a cover letter, resume, and letters of recommendation to Mr. Cooper.

(자기소개서, 이력서, 추천서를 Mr. Cooper에게 제출해 주십시오.)

· Only selected candidates will be contacted. No phone calls please.

(면접 대상자에 한해 개별적으로 연락드리며, 전화 문의는 받지 않습니다.)

Ⅱ 구인광고 관련 표현

《1》 기본 어휘 표현

Job Tittle	직무명, 채용직책
Company Description	회사 소개
Responsibilities / Job Details	업무 내용
Requirements	요구사항
Experience Required	경력 필수
Qualifications	자격 조건
Preferred	우대 조건
Benefits	복리후생
Trial Period	수습 기간
Bilingual	이중언어 구사자
How to Apply	지원 방법
Cover Letter	자기소개서
Resume / CV	이력서
Letters of Recommendation	추천서
Proven Track Record	입증된 실적
Fluent in [language]	[언어]에 유창한
Training Certification	교육 이수 증명서
Commensurate with Experience	경력에 따라

《2》 기본 문장 표현

◆ vacant position (공석인 직책)

◆ Principals only(=No recruiters, please) (본인만 지원 가능)
 ※ 본인만 지원 가능: 대행사/중개업체/리크루터 연락 금지

◆ Flexible working hours   (유연한 근무 시간)

◆ applicants must be bilingual (지원자는 2개 국어를 구사해야 합니다.)

◆ university graduate preferred (대학 졸업자 우대)

◆ distinguish yourself from other candidates
  (다른 지원자와 차별화되는 강점을 강조하다.)

◆ Salary is commensurate with experience (경력에 따라 급여 협의 가능)

◆ No phone calls please (전화 문의는 삼가 주세요.)

◆ Only selected(shprtlisted) candidates will be contacted
  (합격자에 한해 연락드립니다.)

**PRJ
56** **I don't want you to** give up so easily.
(네가 그렇게 쉽게 포기하지 않았으면 좋겠어.)

A: **I don't want you to** give up so easily.

B: It's just… I keep failing, and I don't know what else to do.

A: I understand how frustrating that must be.

B: Yeah, it feels like I'm going in circles.

A: But you're stronger than you think. You've already come so far.

B: Thanks. Maybe I'll try one more time.

A: 네가 그렇게 쉽게 포기하지 않았으면 좋겠어.

B: 그냥… 계속 실패하니까 더 이상 뭘 해야 할지 모르겠어.

A: 얼마나 답답할지 이해돼.

B: 그래, 제자리걸음만 하는 느낌이야.

A: 하지만 넌 생각보다 훨씬 강해. 지금까지 이미 많이 해냈잖아.

B: 고마워. 한 번만 더 해볼까 봐.

PRJ 57 I feel like I'm going to succeed this time.
(이번엔 성공할 수 있을 것 같은 느낌이 들어.)

A: For some reason, **I feel like** I'm going to succeed this time. B: Really? What makes you feel that way?

A: I don't know⋯ I just have this gut feeling.

B: That's awesome. Sometimes intuition is right on point.

A: Yeah, everything seems to be falling into place.

B: Then go for it! I'm rooting for you all the way.

A: 왠지 이번엔 성공할 수 있을 것 같은 느낌이 들어.

B: 정말? 왜 그런 생각이 들어?

A: 그냥⋯ 직감이라고 해야 하나, 그런 느낌이 있어.

B: 멋지다. 가끔 직감이 딱 맞을 때가 있어.

A: 그래, 모든 게 제자리를 찾아가는 느낌이야.

B: 그럼 도전해! 나는 언제나 네 편이야.

I was wondering if you know any good restaurants nearby.
(근처에 추천할 만한 식당이 있을까 해서요.)

A: **I was wondering if** you know any good restaurants nearby.

B: Yeah, there's a great Italian place just around the corner.

A: Oh nice! Is it casual or more upscale?

B: Pretty casual, and the pasta is amazing.

A: Sounds perfect. Do I need a reservation?

B: Nope, you can usually just walk in.

A: 근처에 추천할 만한 식당이 있을까 해서요.

B: 있어요, 바로 근처에 정말 괜찮은 이탈리안 식당이 있어요.

A: 오 좋네요! 좀 캐주얼한 곳이에요, 아니면 고급스러운 분위기예요?

B: 꽤 캐주얼해요. 파스타가 정말 맛있어요.

A: 완벽한데요. 예약해야 하나요?

B: 아니요, 보통 그냥 가도 돼요.

Make sure you're on time for our meeting.
(꼭 약속 시간에 맞춰 오도록 해.)

A: **Make sure** you're on time for our meeting.

B: Of course, I wouldn't dream of being late.

A: Good. We have a tight schedule to stick to.

B: Got it. I'll set a reminder just in case.

A: Thanks. Being punctual really matters today.

B: Don't worry. I'll be there right on the dot.

A: 꼭 약속 시간에 맞춰 오도록 해.

B: 물론이지. 늦을 생각은 없었어.

A: 좋아. 오늘은 일정이 촘촘해서 꼭 지켜야 해.

B: 알았어. 혹시 모르니까 알림도 설정할게.

A: 고마워. 오늘은 시간 엄수가 정말 중요해.

B: 걱정 마. 정확한 시간에 도착할게.

When was the last time you traveled abroad?
(너 마지막으로 해외에 나간 게 언제였어?)

A: **When was the last time** you traveled abroad?

B: It was about two years ago. I went to Thailand.

A: Nice! Was it for vacation or business?

B: Vacation, definitely. I needed a break.

A: I bet the food and beaches were amazing.

B: They were! I'm already dreaming of my next trip.

A: 너 마지막으로 해외에 나간 게 언제였어?
B: 한 2년 전이야. 태국에 갔었어.
A: 좋았겠다! 휴가였어 아니면 출장?
B: 완전 휴가였지. 휴식이 정말 필요했거든.
A: 음식이랑 해변이 환상적이었겠네.
B: 맞아! 벌써 다음 여행을 꿈꾸고 있어.

"Man is not made for defeat.
Man can be destroyed, but not defeated."

"인간은 패배하지 않는다.
멸망하는 한이 있더라도 패배하지 않는다."

— *The Old Man And the Sea* by Ernest Heminway —

저자 강영돈

　오늘날 급변하는 비즈니스 환경에서는 단순히 영어 문장을 암기하거나 발음을 흉내 내는 것만으로는 효과적인 소통을 기대하기 어렵다. 『성공적인 글로벌 비즈니스 영어』는 독자들이 단순한 언어 학습을 넘어 글로벌 비즈니스 감각과 마인드까지 함께 습득할 수 있도록 돕는다. 특히 제Ⅲ장 "영어 완전 정복! 프로젝트 60"은 저자의 오랜 경험과 노하우가 집약된 내용으로, 실제 비즈니스 현장에서 자연스럽고 자신 있게 영어로 표현하는 방법을 제시하고 있다.

· (현)동양대학교 교수 및 어학교육원장
· (현)동양대학교 영어영재교육원장
· (전)사단법인 미래융합교육학회 이사장
· (전)Public Value 학회장
· 『실용기본영작문』, 『공무원영어』, 『내 삶의 길을 찾다』 등 다수 출판

성공적인 글로벌 비즈니스 영어
Successful Global Business English

1판 1쇄 발행　　　2025년 12월 05일

지은이　　강영돈
펴낸곳　　행복랜드
펴낸이　　정성인
디자인　　행복랜드 편집실
등　록　　제 2024-000008호
주　소　　경상북도 영주시 풍기읍 동성로 57번길 15
전　화　　010-5284-5752(대표)
이메일　　sichung6@naver.com

ISBN　979-11-989743-2-7(13740)